SHOUKEI MATSUMOTO
Ein ruhiger Geist

AF204416

GOLDMANN

Buch

Unser Leben ist voller Lärm – ständig sind wir umgeben von klingelnden Telefonen, eingehenden Nachrichten, Verkehrslärm und anderen Menschen. Sorgen, negative Emotionen und rasende Gedanken tragen zum inneren Geräuschpegel bei und verstärken Stress und Ängste nur noch. Diese Überlastung ist schädlich für unsere geistige und körperliche Gesundheit und lenkt uns davon ab, ein erfülltes und zielgerichtetes Leben zu führen. Basierend auf den Praktiken und Überzeugungen des Buddhismus erklärt der Mönch Shoukei Matsumoto die Ursachen des Lärms und zeigt Strategien auf, ihn zu bewältigen. Unser Bewusstsein nach innen zu richten und im gegenwärtigen Moment zu bleiben, beruhigt unsere Gedanken. Einfache Tipps und praktische Ratschläge helfen, Leichtigkeit, Balance und Ruhe in einer chaotischen und lauten Welt zu finden und die innere Ruhe wiederherzustellen.

Autor

Shoukei Matsumoto ist Mönch im buddhistischen Komyoji-Tempel in Kyoto, Japan. Er studierte Philosophie und Wirtschaftswissenschaften und ist Mitglied des Renge-Ji Institute for Buddhist Research. Der ordinierte Buddhist ist Gründer des virtuellen Tempels »Higanji«, einer der beliebtesten Websites für Buddhisten in Japan. Er hat zahlreiche Bücher veröffentlicht, sein Buch *Die Kunst des achtsamen Putzens* wurde in über fünfzehn Sprachen übersetzt.

Außerdem von Shoukei Matsumoto im Programm
Die Kunst des achtsamen Putzens (22295)

SHOUKEI MATSUMOTO

Ein ruhiger Geist

Stille finden in einer lauten Welt
55 buddhistische Lektionen für den Alltag

Aus dem Englischen
von Wolfgang Höhn

GOLDMANN

Die englische Erstausgabe erschien 2020 unter dem Titel
A Quiet Mind. Buddhist Ways to Calm the Noise in Your Head bei
OH!, an imprint of the Welbeck Publishing Group, London.

Penguin Random House Verlagsgruppe FSC® N001967

2. Auflage 2023
Deutsche Erstausgabe September 2022
Copyright © 2020 der Originalausgabe:
OH!, an imprint of the Welbeck Publishing Group
Copyright © 2022 der deutschsprachigen Ausgabe: Wilhelm Goldmann Verlag,
München, in der Penguin Random House Verlagsgruppe GmbH,
Neumarkter Str. 28, 81673 München
Copyright Text © Shoukei Matsumoto 2020
Copyright Design © Welbeck Non-Fiction Limited,
part of Welbeck Publishing Group Limited 2020
Umschlag: Uno Werbeagentur, München
Umschlagmotiv: Copyright Cover design © Georgie Hewitt,
Shutterstock Photo Inc: Liia Chevnenko (Vorderseite); fran_kies (Rückseite)
Redaktion: Franz Leipold
Satz: Satzwerk Huber, Germering
Druck und Bindung: PBtisk a. s., Příbram
Printed in Czech Republic
SC · CB
ISBN 978-3-442-22347-3

INHALT

EINLEITUNG

Stört Sie der Lärm, der in Ihrem Alltag von allen
Seiten auf Sie eindringt?

Haben Sie jemals gespürt, wie bei der Arbeit, in
der Schule oder zu Hause Ärger und Eifersucht in
Ihnen aufsteigen? Oder hatten Sie schon mal das
Gefühl, einfach alles Negative hinter sich lassen und
irgendwohin fliehen zu wollen?

Dies ist ein Buch für Menschen, die in ihrem Alltag keine Ruhe
finden. Doch lassen Sie mich damit beginnen, mich vorzustellen.
Ich heiße Shoukei Matsumoto. Auf der Suche nach dem Weg zu
einem guten Leben bin ich irgendwann auf die buddhistische Philosophie gestoßen. So tauchte ich nach meinem Hochschulabschluss
in die Welt der Tempel ein und wurde Mönch[1] im Kōmyōji, einem
Shin-buddhistischen Tempel[2] in der Innenstadt von Tōkyō. Als rei-
sender Mönch vermittle ich mittlerweile vielen Menschen auf der
ganzen Welt aktiv die buddhistische Lehre und Praxis. Abgesehen
von meiner etwas ungewöhnlichen Tätigkeit dürfte sich mein Alltag
nicht allzu sehr von dem Ihren unterscheiden. Ich bin weder ein
erleuchteter Mensch noch ein Heiliger, sondern ein gewöhnlicher
Laie, und deshalb zögere ich, mich als Mönch im eigentlichen Sinn
zu bezeichnen.

Bis heute bin ich weit in der Welt des Buddhismus herumgekom-
men, und dadurch sind mir ziemlich viele Dinge bewusst geworden.

So habe ich erkannt, dass ich früher aus Zorn und Gier gehandelt und dabei meist Dinge getan habe, die Mensch und Natur schaden. Während ich jedoch mit dem Buddhismus vertrauter werde, spüre ich, dass ich allmählich meiner selbst bewusster werde. Dabei ging es nicht darum, innerlich zu wachsen, sondern eher darum, im Spiegel fassungslos einen Mann zu erblicken, der niemals reifen wird. Mir wurde bewusst, dass ich die nötige Selbstkontrolle aufbringen muss, um den anderen Menschen zugefügten Schaden so gering wie möglich zu halten und darauf zu achten, ruhig und gefasst zu bleiben. Wenn auch ein wenig ungeschickt, so bin ich doch bisher damit zurechtgekommen. Denn aus dem tiefen Kern des Buddhismus kommt eine sanfte Führung, die selbst für einen Laien wie mich hilfreich ist.

Im Lichte buddhistischer Lehren enthält dieses Buch meine Gedanken darüber, wie ich selbst inmitten des »Lärms«, dem ich im Alltag überall ausgesetzt bin, einen friedlichen Geist bewahren kann. Und wenn mir die Essenz des Buddhismus im täglichen Leben von Nutzen ist, dann sollte sicherlich jeder in der Lage sein, sie sich anzueignen.

Ich würde mich freuen, wenn dieses Buch allen Leserinnen und Lesern helfen könnte, den nächsten Schritt zu tun.

Shoukei Matsumoto

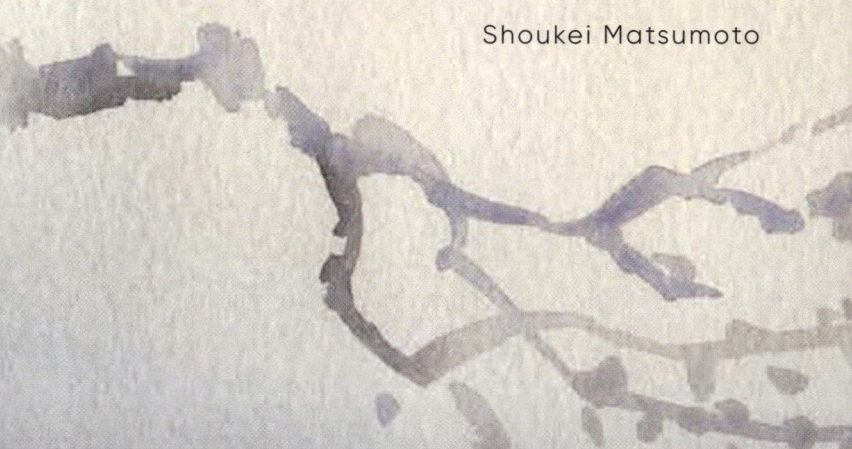

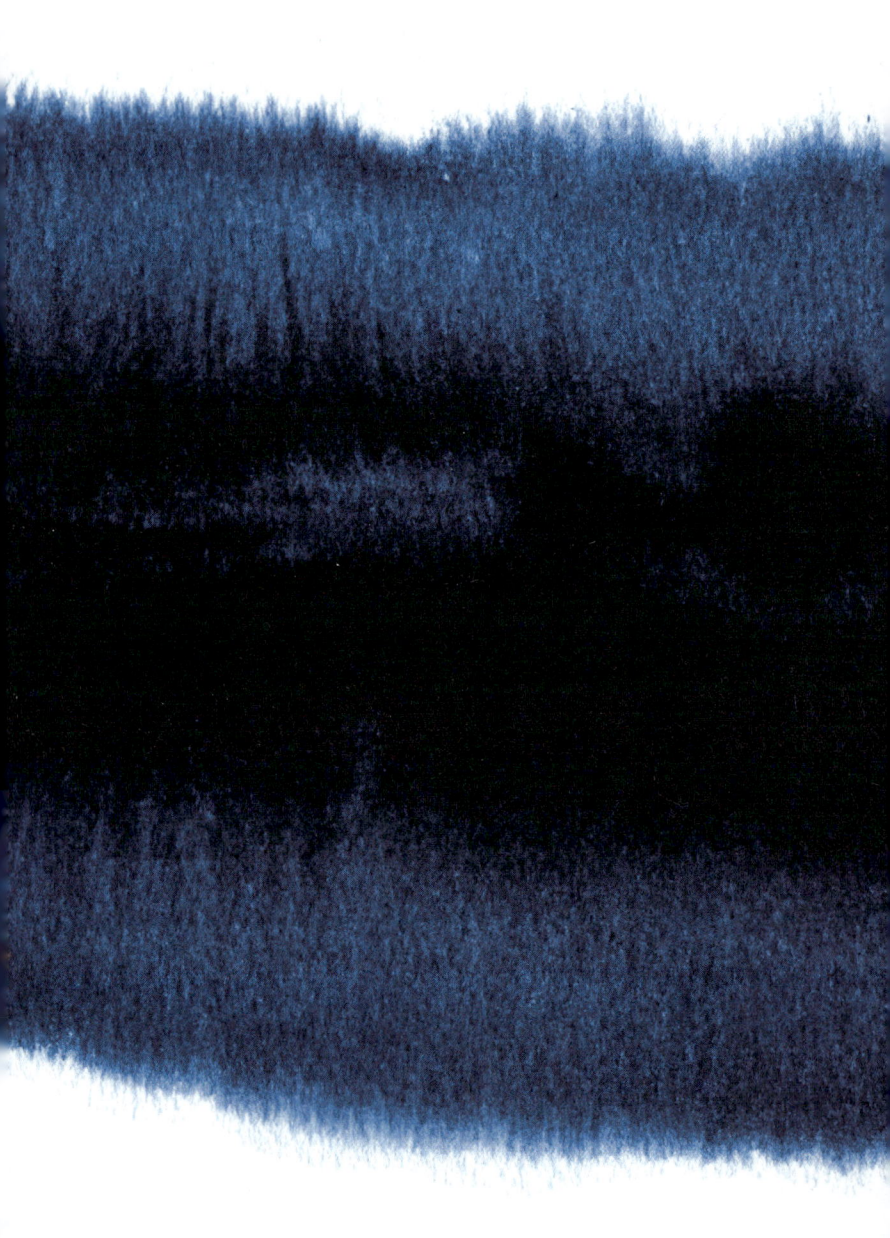

1

EINE
UNRUHIGE
WELT

TAGE VOLLER LÄRM

Heutzutage leben wir in einer besonders lärmerfüllten Umgebung. Wir stehen beim Läuten eines Weckers auf, hören unterwegs Musik über Kopfhörer und reagieren auf das Klingeln der Smartphones in unseren Taschen. Draußen hört man Autos und Polizeisirenen, und in vielen Wohnungen bleiben Fernseher und Radio ständig eingeschaltet.

Zusätzlich ist die Umgebung, in der wir leben, auch ziemlich unruhig für unsere Augen. Ganz gleich, ob wir nach links oder rechts schauen, plötzlich dringen Informationen in unser Sichtfeld ein und ziehen unsere Aufmerksamkeit auf sich. Wenn wir in die Stadt gehen, entdecken wir neue Geschäfte; wenn wir mit der Bahn fahren, fällt der Blick auf Plakate und Werbebanner; und wenn wir nach Hause kommen, erwarten uns Fernseher und Internet. Ungefragt vermitteln sie uns allen ständig neue Informationen, wie und wann immer es ihnen gefällt.

IM WIRBEL DER ABLENKUNG

Sind wir in unserem Leben nicht von einer ganzen Menge Lärm umgeben? Lassen Sie uns dies aus anderer Perspektive betrachten: Stellen Sie sich für einen Moment vor, Sie hätten eine Stunde Zeit, um sich auf eine einzige Aufgabe zu konzentrieren – zum Beispiel auf das Thema eines Berichts. Können Sie sich voll und ganz auf diese eine Aufgabe konzentrieren, ohne zwischendurch von irgendetwas abgelenkt zu werden?

Auch zu Hause gibt es zahlreiche Quellen der Ablenkung, wie Telefonanrufe, E-Mails und Textnachrichten sowie Besuche von Paketdiensten. Wenn Sie in die Stadt fahren müssen, um schnell ein paar Besorgungen zu erledigen, werden Sie auf dem Weg von allen möglichen Dingen abgelenkt, und während Sie irgendwo anhalten, kann im Handumdrehen eine Stunde vergehen.

Wir alle haben schon die Erfahrung gemacht, dass wir mit unserer Arbeit nicht weiterkommen, weil wir etwas Belangloses tun, und dann feststellen, dass unsere Zeit vorbei ist. Wenn der Lärm gegen uns arbeitet, sind wir nicht in der Lage, richtig nachzudenken. Natürlich ist der Lärm in unserer Gesellschaft nicht erst in der heutigen Zeit entstanden, sondern auch schon vor Hunderten von Jahren waren die Städte zweifellos voller Ablenkungen. Dennoch gab es wohl keine andere Zeit, in der es so laut zuging wie heutzutage.

WIR ALLE BRAUCHEN STILLE ZEIT

Ob wir wollen oder nicht, wir leben in einer ziemlich hektischen Zeit. Mit der Entwicklung verschiedener Informations- und Social-Media-Kanäle durch das Internet hat sich das Spektrum von persönlicher Kommunikation und von Nachrichten, in das jeder Mensch involviert ist, dramatisch erweitert. Es gibt so viele neue Informationen und nicht genug Zeit, um alles zu verarbeiten, sodass wir jeden Tag beschäftigt sind.

Meiner Meinung nach ist dies eine ziemlich gefährliche Situation. Durch verschiedene Erfahrungen sollte der Mensch in der Lage sein, die Welt zu verstehen und stetig zu wachsen, indem er seinen Geist zur Ruhe bringt und die Dinge sorgfältig betrachtet. Wenn wir jedoch keine ruhige Zeit fern von Lärm finden können, dann fehlt

Schmerzhaft ist
die Reise, doch eine
schöne Lotosblume vermag
sogar im Schlamm zu
blühen.

uns der Raum zum Wachstum. Selbst wenn wir im Laufe unseres Lebens noch so viele Informationen verarbeiten, wird uns das alles nichts nützen, wenn wir sie nicht verdauen und daraus lernen können. Besonders in dieser lärmigen Zeit sollten wir uns selbst und die Dinge um uns herum mit ruhigem und friedlichem Geist betrachten, denn es ist wichtig, das »Bewusstsein« für die Realität der Welt und für unser Selbst zu vertiefen.

NACH AUSSEN SCHAUEN, UM NACH INNEN ZU SCHAUEN

Ständig durch Lärm abgelenkt, sind wir eher erfolglos bei dem Versuch, uns selbst zu betrachten. Das ist kaum verwunderlich, denn das menschliche Auge ist von Natur aus nach außen gerichtet. Deshalb brauchen wir einen Spiegel, und der Buddhismus erfüllt diesen Zweck für mich. Er ermöglicht es mir, gleichzeitig nach außen und nach innen zu schauen. Es spielt keine Rolle, was Sie als Spiegel benutzen, solange es diese Funktion richtig erfüllt, doch meiner Erfahrung nach eignet sich der Buddhismus wunderbar, da er unser Bewusstsein auf intelligente und logische Weise schärft. Dieses Bewusstsein ist wesentlich für die Entwicklung des menschlichen Geistes, und der Buddhismus liefert die natürlichen und zugleich hochwirksamen Nährstoffe, von denen unser inneres Wachstum abhängt.

Die Bemerkung eines befreundeten Mönchs, der strenge Askese praktiziert hatte, ist mir in Erinnerung geblieben: »Askese mag hart sein, aber im Grunde ist sie nicht so hart, denn das, was zu tun ist, ist bereits festgelegt. Der wirklich harte Teil folgt, wenn die Askese endet und wir in diese Welt zurückkehren.« In der Tat mag das so sein. Denn das Übungsprogramm, das wir in dieser lärmerfüllten Umgebung absolvieren müssen, ist in gewisser Weise noch unerbittlicher als eine asketische Praxis. Es ist eine schmerzhafte Reise, aber eine schöne Lotosblume kann sogar im Schlamm erblühen. Lassen Sie sich vom Buddhismus durch die Schwierigkeiten des Alltags auf den Weg zu einem friedlichen Bewusstsein führen.

Das moderne Leben ist voller Lärm und Ablenkung. Wir brauchen Stille, um Erfahrungen zu verarbeiten und daraus zu lernen. Der Buddhismus kann uns bei diesem Wachstumsprozess helfen.

LÄRM VON INNEN

In unserem Leben sind wir von einer ganzen Menge Lärm umgeben. Aber dieser Lärm dringt nicht nur von außen auf uns ein – es gibt auch den Lärm, der von innen kommt und unseren Seelenfrieden bedroht, wie zum Beispiel die Unruhe, die von Eifersucht und Begierde, Wut und Hass ausgelöst wird. In der Tat ist es der Lärm von innen, der unseren Geist am meisten beunruhigt.

Wie Werbespots in Filmen stören verschiedene äußere Reize unsere Konzentration, ohne dass wir es merken, doch wenn wir irgendwie zur Besinnung kommen, können wir den Fokus zurückgewinnen. Das ist jedoch nicht so einfach, sobald der Lärm von innen aufsteigt. Wenn wir zum Beispiel herausfinden, dass jemand schlecht über uns geredet hat, kommt das, was wir hören, von außen und geht nur für einen Moment durch unsere Ohren. Doch wenn unser Geist darauf reagiert: »Ich kann ihnen nicht verzeihen, dass sie so etwas gesagt haben«, dann wird die innere Unruhe immer stärker.

Das geschieht nicht nur dann, wenn wir auf Kränkungen reagieren. Oft hegen wir selbstsüchtige Eifersucht sogar gegenüber denjenigen, die weder böswillig noch in irgendeiner Weise beteiligt sind. Wir denken vielleicht: »Es missfällt mir, dass sie mehr Aufmerksamkeit auf sich ziehen als ich« oder »Mir gefällt es nicht, dass sie mehr Glück haben als ich«. Solcher Lärm ist tief in den destruktiven Emotionen unseres Geistes verwurzelt, statt von außen zu kommen.

Wenn uns etwas nicht gefällt oder die Dinge nicht nach Wunsch laufen, dann sammelt sich der Ärger an, den unser Leiden mit sich bringt. Wir spüren, wie sich der Stress in unserem Geist wie ein Gas ausdehnt, und wenn er eine bestimmte Grenze überschreitet, gibt es eine gewaltige Explosion. Sollte es dazu kommen, so ist das schlimm, und daher meine ich, dass wir, bevor es dazu kommt, von Zeit zu Zeit ein wenig Druck ablassen müssen, um einige der aufgestauten Spannungen zu lösen. Mit anderen Worten: Sie sollten versuchen, den Lärm, der von innen kommt, zu reduzieren.

Es ist gut, wenn wir unseren Geist erfrischen können, indem wir in den Urlaub fahren oder Sport treiben, aber manche Menschen versuchen, ihren Stress auf eine Art und Weise abzubauen, die den Menschen in ihrer Umgebung Probleme bereitet. So könnten zum Beispiel Kinder, die wegen Prüfungsvorbereitungen gestresst sind, ihre Ängste abbauen, indem sie einen Klassenkameraden mobben. Aus Eifersucht könnten sie die Mitschüler mit guten Noten ins Visier nehmen oder sich über diejenigen lustig machen, die schlechtere Noten als sie selbst haben. Der falsche Eindruck, dass sie als Einzige leiden, bringt sie dazu, anderen Leid zufügen zu wollen.

In der Welt der Erwachsenen gibt es ähnliche Situationen. Selbst wenn wir jemanden für einen guten Menschen halten, kann es sein, dass er hinter verschlossenen Türen gewalttätig ist, dass er Kollegen und Untergebene beschimpft oder andere zum Opfer macht, indem er sie aus der Gruppe ausschließt. Wenn wir jedoch in Ruhe nachdenken, wird uns klar, dass ein solches Verhalten den Lärm in unserem Kopf keineswegs reduziert, sondern ihn weiter verstärkt und unseren inneren Frieden bedroht. Wenn Sie den inneren Lärm beseitigen wollen, müssen Sie sich die Ursache genau anschauen.

Wir spüren, wie sich
Stress in unserem
Geist wie ein Gas
ausdehnt, und wenn
eine bestimmte
Grenze erreicht ist,
kommt es zu einer
großen Explosion.

DIE »DREI GIFTE«:
RAGA, DVESHA UND MOHA

Als Ursache unseres Leidens gelten in den buddhistischen Lehren die destruktiven Emotionen *raga, dvesha* und *moha,* die zusammen als die »drei Gifte« bezeichnet werden.

- *Raga* ist der Geist der Gier und der Anhaftung an materielle Güter.
- *Dvesha* ist der Geist des Zorns, der in Wut gerät.
- *Moha* ist der Geist der Täuschung und des Selbstverlusts durch Instinkt und Verlangen.

Es wird gesagt, dass wir durch die Kontrolle dieser drei Emotionen die Übel und Leiden der Menschheit überwinden werden. Aus buddhistischer Sicht baut sich Stress auf, sobald wir von *raga, dvesha* und *moha* beherrscht werden. Wenn die Dinge nicht wie erwartet laufen, dann werden wir wütend, und wenn dieser Ärger den Siedepunkt erreicht, verlieren wir uns selbst aus den Augen und schlagen instinktiv auf andere ein, was die Situation noch verschlimmert. Anstatt das Problem zu lösen, verstärkt das Austoben der Wut in unserem Herzen, indem wir anderen gegenüber Gewalt anwenden, die Wirkung der drei Gifte, und wir erreichen dadurch nichts anderes, als in tiefe Verwirrung zu geraten.

Es ist unmöglich, dass Mobbing und derartige Verhaltensweisen unseren Geist klären und erfrischen. Je öfter wir uns so verhalten, desto mehr stagniert unser Geist, und desto schwerer lasten negative Gefühle auf uns. Obwohl wir uns dessen bewusst zu sein scheinen, sind diese destruktiven Gefühle stark genug, um uns in die Irre zu führen. Auch äußere Reize können den Lärm von Eifersucht und Wut von innen heraus wecken. Wenn wir uns der Umstände, unter denen solche negativen Emotionen entstehen, nicht bewusst sind, dann kann es dazu kommen, dass wir nicht mehr damit umgehen können, und dadurch verstärken sich der Lärm und unsere Sorgen. Wenn Sie ein friedliches Leben führen wollen, versuchen Sie, nicht nur auf den Lärm von außen zu achten, sondern auch auf den Lärm, der von innen aufsteigt.

Innerer Lärm von negativen Emotionen kann schädlicher sein als äußerer Lärm. Finden Sie einen gesunden Weg, um Stress abzubauen, bevor er explodiert. Ihren Stress an anderen abzulassen, macht die Dinge für alle nur noch schlimmer. Versuchen Sie, die äußeren Ursachen für negative Emotionen zu verstehen.

Um einen ruhigen Geist zu erlangen, ist es nicht unbedingt notwendig, sich in eine Welt ohne äußere Geräusche zu begeben. Denjenigen, die nicht in einer abgelegenen Berghütte leben, wird der notwendige ruhige Geist nichts nutzen, wenn sie nicht in der Lage sind, ihn im Trubel des täglichen Lebens zu finden. Manche Menschen denken vielleicht, es ist unmöglich, in einer geschäftigen Stadt einen ruhigen Geist zu haben. Doch das Erstaunliche an uns Menschen ist, dass wir unser eigenes Bewusstsein ändern können.

Wenn wir Lärm von außen aufnehmen, den wir als unangenehm empfinden, können wir einen Schritt weiter gehen, indem wir genau diese Veränderung in unserem Geist bemerken. Selbst wenn wir also in einer geschäftigen Stadt leben, sollten wir in der Lage sein, mitten im Trubel Frieden zu finden, indem wir unser Bewusstsein ein wenig trainieren.

So ist es möglich, dass verschiedene Menschen zur gleichen Zeit die gleichen Worte von der gleichen Person hören und diese Worte völlig unterschiedlich interpretieren. Einige werden sie als Kompliment und andere als abfällige Bemerkung verstehen. Oder wenn Menschen das gleiche Gehalt bekommen, werden einige denken, es sei hoch, während andere gegenteiliger Meinung sind.

Töne kommen sowohl von außen als auch von innen. Ob sie letztendlich als Lärm nachhallen oder nicht, hängt von unserem eigenen Geist ab.

Unsere Umgebung hängt mit unserer Denkweise zusammen. Natürlich kann es von Vorteil sein, unsere Umgebung faktisch zu verändern, indem wir uns entfernen, doch das ist keine dauerhafte Lösung des Problems. Selbst wenn wir für einen Moment denken, den idealen Ort ohne Lärm gefunden zu haben, werden die Dinge nach einer Weile wieder so werden wie vorher. Das liegt daran, dass sich in uns nichts verändert hat. Wenn wir die Art und Weise, wie wir Geräusche interpretieren, nicht ändern, dann wird die Welt, auf die wir blicken, umwölkt bleiben – ganz gleich, wohin wir gehen.

Wenn wir uns einen Ort ohne Lärm vorstellen, beispielsweise ein einsames Tal in den Bergen, könnten wir meinen, dass wir dort keine Stimmen oder Autogeräusche mehr hören. Das mag in der Tat zutreffen. Wenn wir an unseren freien Tagen in den Bergen wandern gehen, können wir eine natürliche Umgebung ohne künstlichen Lärm genießen. Allerdings sind solche Orte nicht für das Alltagsleben geeignet. Vor allem, wenn wir in unserem Leben ernsthafte Probleme haben, können wir ihnen nicht entgehen, indem wir in die Berge oder ans Meer fahren. Geräusche kommen sowohl von außen als auch von innen, und ob sie letztendlich als Geräusche nachhallen oder nicht, hängt von unserem eigenen Geist ab.

Wie wir auf das reagieren, was wir hören, ist ein wichtiger Punkt. Indem wir alle möglichen Erfahrungen machen, entwickeln wir Reaktionsmuster auf verschiedene Reize. Es ist dasselbe wie bei Pawlows Hund. In diesem berühmten Verhaltensexperiment wurde

jedes Mal zur Zeit der Fütterung eine Glocke geläutet, und schließlich sabberten die Hunde schon beim Klang der Glocke. Je älter wir werden, desto mehr Muster sammeln wir an, und so wird unsere Lebensweise in gewissem Sinne stabiler. Umgekehrt bedeutet das jedoch, dass die Zahl der Gelegenheiten, die Frische neuer Erfahrungen zum ersten Mal zu erleben, für uns stetig abnimmt. Dies mag der Grund sein, warum viele Menschen sagen, dass mit zunehmendem Alter die Zeit scheinbar immer schneller vergeht, als ob sie in einer geometrischen Progression vorbeizöge.

GERÄUSCHE NICHT ZU LÄRM WERDEN LASSEN

»Es ist so viel Lärm um mich herum, und es gibt keinen Ausweg!« Möglicherweise hat sich im Gehirn von Menschen, die sich so fühlen, ein Schaltkreis entwickelt, der bewirkt, dass alle Geräusche von ihnen als Lärm empfunden werden.

Man sagt, der Buddhismus lehre Achtsamkeit, und es sei eines seiner Merkmale, den Menschen, die mit seinen Lehren in Berührung

kommen, Bewusstheit zu schenken. Ich habe Jahre in der Welt des Buddhismus verbracht, und im Laufe der Zeit hat sich der Teil, der mit mir in Resonanz steht, je nach den Umständen verändert. Dies hat meine Bewusstheit deutlich erweitert und die Art und Weise verändert, wie ich den Dingen gegenüberstehe.

Dieses Buch lädt Sie dazu ein, darüber nachzudenken, wie Sie Ihr tägliches Leben ruhig und friedlich leben können, und diese Bewusstheit ist dafür unerlässlich. Zuallererst ist es eine Bewusstheit dafür, dass es keinen geräuschfreien Ort gibt. Wir können dem Geräusch an sich nicht entkommen. Es handelt sich auch um eine Bewusstheit dafür, dass es von uns selbst abhängt, ob wir diese Geräusche als Lärm wahrnehmen oder nicht. Mit anderen Worten, wenn wir die Art und Weise des Hörens ändern können, dann wird das, was wir als Lärm empfunden haben, zu klaren Klängen geläutert.

Um einen ruhigen
Geist zu haben,
brauchen Sie keine ruhige
Umgebung, Sie müssen
lediglich die Interpretation der
Geräusche in Ihrer Umgebung
ändern. Akzeptieren Sie, dass
diese Geräusche unvermeidlich
sind, und sie werden
aufhören, eine lärmende
Ablenkung zu sein.

DIE DINGE SEHEN, WIE SIE WIRKLICH SIND

Sowohl außen als auch innen gibt es keinen geräuschfreien Ort. Wie gesagt, liegt das Problem in uns selbst, da wir es sind, die den Lärm hören. Wie kommt es also, dass wir nicht in der Lage sind, Geräusche einfach als Geräusche wahrzunehmen?

Es liegt daran, dass wir die Dinge nicht so sehen können, wie sie wirklich sind.

Da gibt es Menschen, die trotz aller Bemühungen nicht richtig sehen können, und andere, die einfach wegschauen, ohne es zu versuchen. Und da gibt es auch viele, die davon überzeugt sind, sehen zu können, obwohl das nicht auf sie zutrifft.

Wenn ich zum Beispiel auf einen vorbeifließenden Fluss schaue, denke ich: »Da ist ein Fluss.« Aber was tatsächlich da ist, ist Wasser, und außerdem verändert es sich ständig, sodass es nie dasselbe Wasser ist, das da auch nur für einen Moment fließt. Während ich die dynamische Bewegung des Wassers betrachte, glaube ich in meiner Dummheit, dass sich der Fluss nie verändert.

Wenn ich wiederum die beiden Bücher auf dem Schreibtisch in meinem Arbeitszimmer betrachte, denke ich: »Dieses Buch ist meins; das da habe ich mir geliehen.« In der Tat ist es nicht zu verkennen, dass ich das eine gekauft und das andere ausgeliehen habe. Was aber tatsächlich da ist, sind zwei Bücher, die zufällig auf dem Schreibtisch liegen, und das hat absolut nichts damit zu tun, wem der Schreibtisch oder die Bücher gehören. Aber wenn ich die beiden Bücher betrachte, bin ich mir der Besitzverhältnisse durchaus bewusst und unterscheide sie dementsprechend.

Genauso scheint es sich mit unserem eigenen Körper zu verhalten. Solange wir am Leben sind, werden die Zellen unseres Körpers ständig erneuert und immer wieder ausgetauscht. Die Veränderungen sind so minimal, dass sie von einem Tag auf den anderen schwer zu bemerken sind, aber mit der Zeit verändert sich unser Körper sichtbar. Wir bekommen mehr Falten, unsere Haare fallen aus, und wir werden körperlich schwächer. Aber die Menschen versuchen verzweifelt, diese Veränderungen aufzuhalten, und geben sich die größte Mühe, um den Alterungsprozess zu verlangsamen.

In erster Linie versuchen die Menschen gar nicht erst, ihrem eigenen Leben ins Gesicht zu sehen. Wenn wir an der Beerdigung eines lieben Freundes teilnehmen, denken wir: »Er war noch so jung, es ist so schade.« Und wir denken nicht wirklich darüber nach, dass auch uns eines Tages ein ähnliches Schicksal bevorsteht. Obwohl wir wissen, dass die Sterblichkeitsrate beim Menschen hundert Prozent beträgt, ist es normal, diese Tatsache völlig zu ignorieren. Selbst wenn wir uns ab und zu daran erinnern, tun wir so, als würden wir es vergessen, und wenden unsere Augen von der Wahrheit ab.

Der Buddhismus lehrt uns Akzeptanz, was nicht bedeutet, die Hoffnung aufzugeben, sondern vielmehr, die Dinge klar zu sehen.

ÜBER DESTRUKTIVE EMOTIONEN HINAUSSCHAUEN

Obwohl der Mensch das intelligenteste Lebewesen auf Erden ist, verleiht unser Verstand uns nur ein geringes Maß an Weisheit, und wir sind unfähig, die Dinge so zu sehen, wie sie wirklich sind. Wie können wir also die Fähigkeit erlangen, die Wahrheit zu sehen? Wir müssen viele Hürden überwinden, um den Weg dorthin zu finden. Doch eigentlich ist das nicht so. Die Wahrheit ist die Wahrheit, und sie liegt vor unseren Augen, wann oder wo immer wir gerade sind. Aber wie schon oft gesagt, liegt das Problem in uns selbst, da wir die Dinge nur auf egoistische Art interpretieren können. Denn der Egoismus führt dazu, dass wir Geräusche nicht einfach als Geräusche, sondern als Lärm hören.

Für den Buddhismus sind es unsere destruktiven Emotionen, die uns daran hindern, die Dinge so zu erkennen, wie sie wirklich sind. Obwohl wir zum Beispiel in einer Welt leben, in der nichts gleich bleibt und sich alles ständig verändert, wollen wir Menschen eigentlich nicht, dass sich etwas ändert.

AKZEPTIEREN LERNEN

Es ist unwahrscheinlich, dass das Leben wie erwartet verläuft, und der Versuch, seinen eigenen Weg zu gehen, kann schmerzhaft werden. Wie können Sie also das Problem lösen, dass sich das Leben nicht so entwickelt, wie Sie es sich wünschen?

Die Antwort aus Sicht des Buddhismus lautet »Akzeptanz«, was nicht bedeutet, die Hoffnung aufzugeben, sondern die Dinge klar zu sehen. Es geht darum, den Zustand Ihres Lebens, der nie genau so sein wird, wie Sie ihn sich wünschen, klar zu beurteilen.

Das ist nicht einfach. Wir können zwar versuchen, uns bewusst zu machen, dass die Dinge nie nach Wunsch laufen werden, aber selbst das läuft nicht so wie erwartet. Es gibt jedoch einen erheblichen Unterschied bei unserer mentalen Fähigkeit, mit der Sorge umzugehen, dass die Dinge nicht nach Wunsch laufen, und der Sorge, tatsächlich zu wissen, dass die Dinge nicht nach Wunsch laufen werden.

Wenn unser Geist nicht ruhig und friedlich ist, dann wird der Lärm unseres Egoismus immer mehr zunehmen und uns ständig weiter von der Wahrheit entfernen.

Es gibt Wahrheiten,
die wir nicht klar sehen
können, weil unser Egoismus
uns daran hindert. Eine dieser
Wahrheiten ist, dass sich alles
ständig ändert; auch wir selbst ändern
uns. Und eine andere lautet, dass sich
die Dinge nie so entwickeln werden,
wie wir es uns wünschen. Diese
Wahrheiten zu akzeptieren, wird
uns helfen, unseren Geist zu
beruhigen.

Wir finden es sehr schwierig, die Dinge so zu sehen, wie sie wirklich sind. Unsere destruktiven Emotionen kommen uns in die Quere, und alles, was wir hören, ist Lärm. Wenn wir wie der Buddha diese destruktiven Emotionen vollständig beseitigen könnten, würden wir nicht mehr von unangenehmen Geräuschen belästigt werden – aber das fällt uns schwer. Es ist jedoch unserem Egoismus geschuldet, dass ursprünglich neutrale Klänge als Lärm wahrgenommen werden. Schon allein das Erkennen dieser Wahrheit wird dazu führen, unseren Geist zu beruhigen und verschiedene Veränderungen in unserem Leben in Gang zu setzen.

AUS DEM TEUFELSKREIS AUSBRECHEN

Ist unser Geist ruhiger geworden, werden wir bemerken, dass wir nach und nach weniger Fehler bei der Arbeit oder beim Studium machen. In Zeiten, in denen es auf Konzentration ankommt, ist es frustrierend, wenn man nicht in der Lage ist, sich richtig zu konzentrieren. Und das bedeutet wiederum, dass wir es kontinuierlich

immer weniger können und in einem Teufelskreis gefangen sind. Wenn Sie es in solchen Situationen schaffen, ruhig zu bleiben, nach der Ursache Ihrer Frustration zu suchen und Ihre Emotionen zu sammeln, wird dies zu einem positiven Ergebnis führen.

Professionelle Baseball-Pitcher sagen oft, dass die positiven Ergebnisse, die sie erzielen, wenn sie in guter Form sind, ihnen weniger bedeuten als die Leistungen in Zeiten, in denen sie sich zusammenreißen mussten, weil es ihnen nicht so gut ging. Wenn Sie ein objektives Bewusstsein für Ihren eigenen aktuellen Zustand haben und in der Lage sind, gelassen damit umzugehen, dann wird alles ganz natürlich eine positive Entwicklung nehmen.

Im Gegensatz dazu sollten Sie vorsichtig sein, wenn Ihr Geist aufgewühlt ist, Sie sich seelisch angegriffen fühlen und nicht in der Lage sind, ruhige Entscheidungen zu treffen und Ihre Umgebung klar zu sehen. Sie könnten auf Menschen treffen, die Ihren geschwächten Geist weiter verunsichern und Sie erfolgreich täuschen. Es kann auch sein, dass Sie sich selbst aus den Augen verlieren und Ärger verursachen, indem Sie Ihre Wut auf andere umlenken.

Dies kann dazu führen, dass die Menschen, die Ihnen wichtig sind, sich von Ihnen abwenden und schlechte Gesellschaft die Lücke füllt. Wenn das passiert, nimmt der Lärm zu, das ruhige Leben geht verloren, und Sie geraten in einen Teufelskreis, in dem Lärm nach mehr Lärm schreit.

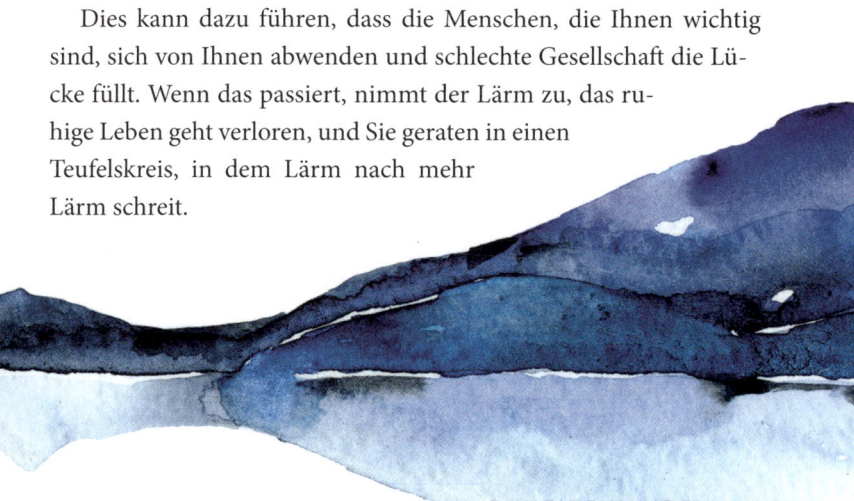

Wann genau wird der Lärm lauter? Wie mir scheint, geschieht das, wenn wir voller Ärger sind. Meinungsverschiedenheiten können in jedem von uns Wut auslösen. Selbst ich habe schon solche Momente erlebt, in denen ich den Verstand verlor und unwillkürlich Schimpfwörter benutzte, die ich anschließend bereut habe. Diese Reue kommt meist erst im Nachhinein, da wir es in dem Moment, in dem unser Verstand von unseren Emotionen beherrscht wird, nicht ohne Weiteres spüren. Erst wenn wir uns gefangen haben und zur Besinnung gekommen sind, können wir unsere Fehler eingestehen und bereuen.

Wenn Sie spüren, dass Sie Gefahr laufen, von Ihren Emotionen beherrscht zu werden, sollten Sie zunächst tief durchatmen, Ihre Gefühle beruhigen und sich darauf konzentrieren, wieder zur Besinnung zu kommen. Sie können sich selbst mit den Augen eines Außenstehenden betrachten und sich sagen: »Ganz gleich, wie man es betrachtet, du bist nicht schuld.« Wenn Sie sich das sagen, dann werden Sie zuerst sorgfältig nachdenken und später protestieren, während Sie sich vorerst einmal beruhigen.

Sobald Sie sich beruhigt haben, suchen Sie nach einer Möglichkeit, das Problem zu lösen. Aber täuschen Sie sich nicht – die Lösung besteht nicht darin, zu beweisen, dass die andere Person im Unrecht ist und Sie im Recht sind. Vielmehr ist es für jeden wichtig, die Dinge aus der Perspektive der anderen Person zu betrachten. Das heißt aber nicht, dass Sie alles tun sollten, was die andere Person sagt. Natürlich sollten Sie versuchen, in Ruhe nachzudenken, und wenn Ihnen trotzdem etwas nicht passt, sollten Sie auf diesen Punkt hinweisen und in angemessener Weise widersprechen. Wenn die andere Person jedoch von Wut und Ärger überwältigt ist, wird nichts Gutes für beide Parteien herauskommen, wenn Ihr einziger Gedanke darin besteht, sich gegen die andere Person durchzusetzen. Erst wenn der Geist zur Ruhe kommt, können menschliche Beziehungen fruchtbar werden.

Nun denn, die Lehren des Buddhismus sind schwierig, und Sie denken vielleicht, dass sie in wirklichen Lebenssituationen, wie zum Beispiel bei Auseinandersetzungen mit anderen, nicht besonders nützlich sind. Doch das ist nicht der Fall. Tatsächlich bietet der Buddhismus eine Fundgrube von Hinweisen für das menschliche Miteinander, die in unserem eigenen Leben sofort von Nutzen sind.

Lassen Sie uns als Nächstes einen Blick darauf werfen, wie Sie einen ruhigen Geist erlangen können, indem wir diesen Hinweisen im Buddhismus nachgehen.

Der erste Schritt zur Gelassenheit ist das Erkennen destruktiver Emotionen in uns. Dann können wir einen Schritt zurücktreten, um die Ursache unseres Ärgers oder unserer Frustration zu erkennen und zu neutralisieren, bevor sie uns in einem Teufelskreis gefangen hält.

2

RUHIGE

ZEIT

RUHIGE ZEIT FINDEN

Leben Sie mit anderen Menschen zusammen, oder leben Sie allein? Wer allein lebt, hat viel Zeit für sich.

Ich glaube jedoch, dass auch diejenigen, die es schätzen, Zeit mit ihrer Familie oder ihren Mitbewohnern zu verbringen, gerne etwas persönlichen Freiraum haben. Unsere Zeit so zu verbringen, wie wir es möchten, ohne Unterbrechungen, ist entspannend. Wenn wir nicht ab und zu solche Zeiten für uns finden, werden wir nicht in der Lage sein, sorgfältig über das nachzudenken, was für uns wichtig ist.

DEN FERNSEHER AUSSCHALTEN

Ruhige Zeit für sich selbst zu finden, kann eine gewisse Disziplin erfordern. Selbst wenn wir allein leben, nutzen wir vielleicht nicht die Möglichkeit, im eigentlichen Sinne allein Zeit zu verbringen.

Ich glaube zum Beispiel, dass es eine ganze Menge Leute gibt, die automatisch den Fernseher einschalten, sobald sie nach Hause kommen. Wenn sie ihn einschalten und eingeschaltet lassen, erscheinen nacheinander Entertainer, Moderatoren, Politiker und Prominente, die über inszenierte Geschichten lachen, über soziale Themen diskutieren und die Nachrichten ansagen. Für alle, die allein leben, kann der Fernseher ein bequemes und tröstliches Medium sein, um von der Einsamkeit abzulenken. Er kann aber auch verhindern, dass wir zu Hause Zeit für uns haben.

Wenn Sie darauf achten, nur Programme zu sehen, an denen Sie aktiv interessiert sind, können Sie trotzdem etwas Zeit für sich haben. Wenn Sie es sich jedoch zur Gewohnheit machen, den Fernseher ohne besonderen Anlass einzuschalten, sobald Sie nach Hause kommen, und ihn dann erst auszuschalten, wenn Sie ins Bett gehen, sind die Menschen auf Ihrem Bildschirm nicht nur diejenigen, mit denen Sie sich unterhalten und Spaß haben, sondern auch diejenigen, die Sie nachts in den Schlaf begleiten. Ruhige Zeit für sich selbst ist das jedenfalls nicht.

Zeitungen und Zeitschriften sind eine andere Form von Medien, aber im Gegensatz zum Fernsehen sprechen sie uns nicht direkt von sich aus an. Sie können nicht einfach gelesen werden, indem wir sie wahrnehmen; wir müssen uns selbst die Mühe machen, sie zu lesen. Beim Fernsehen wird alles für uns gemacht – auch unsere Aufmerksamkeit zu gewinnen.

Die Art und Weise, wie wir passiv und unbewusst Informationen empfangen, birgt die Gefahr, dass in uns Wünsche geweckt werden, ohne dass wir es überhaupt bemerken. Wenn zudem in diesen Informationen die Agenda eines anderen dominiert, nützen sie uns nichts – sie können sich sogar negativ auf den Frieden unseres alltäglichen Lebens auswirken.

Zumindest sollten wir versuchen, den Fernseher auszuschalten, wenn er ohne besonderen Grund eingeschaltet wurde.

SEINE RUHIGE ZEIT GUT NUTZEN

Wenn Sie es nun geschafft haben, Ihre Ablenkungen in den Griff zu bekommen und etwas ruhige Zeit zu finden, können Sie diese nach Belieben verbringen. Allerdings wäre es eine Verschwendung,

diese kostbare Zeit mit Faulenzen zu verplempern. Es steht außer Frage, dass wir diese Zeit nutzen sollten, um uns auf etwas zu konzentrieren.

Wenn Sie eine Fremdsprache lernen möchten, dann sollten Sie diese Zeit zum Studieren nutzen. Wenn Sie Dokumente ausfüllen müssen, dann nutzen Sie diese Zeit dafür. Es ist auch gut, diese Zeit für Yoga, Tai-Chi oder irgendetwas zu verwenden, das Ihren Körper in Schwung bringt. Unter den Mönchen gibt es solche, die vielleicht Sutras lesen und über den Buddhismus nachdenken. Kurz gesagt:

Solange Sie sich auf das konzentrieren, was Sie in diesem Moment tun sollten – und müssten –, ist alles, was Sie tun, in Ordnung.

Wenn Sie sich auch nur für eine kurze Zeit auf etwas konzentrieren, wird Ihr Geist erfrischt und fühlt sich fokussierter. Und wenn Sie diese kurze Zeitspanne nutzen, um sich auf das zu konzentrieren, was Sie in diesem Moment erledigen müssen, werden Sie einen ruhigen Geist bekommen. Wenn ich früh aufstehe, um Sutras zu lesen und mich auf meine Gedanken zu konzentrieren, stelle ich oft fest, dass ich für den Rest des Tages in der Lage bin, Gefühle der Anspannung auf einem angemessenen Niveau zu halten, und mein Tag verläuft gut.

Bemühen Sie sich weiterhin so gut wie möglich. Anstatt beiläufig den Fernseher einzuschalten, sollten Sie sich angewöhnen, eine ruhige Zeit für sich zu haben und sich auf etwas zu fokussieren.

Wir alle brauchen ruhige Zeit für uns, allein schon, um unsere Gedanken zu sammeln; allerdings garantiert uns, allein zu sein, noch keine ruhige Zeit. Schalten Sie den Fernseher aus, wenn er ohne Anlass läuft, und nutzen Sie stattdessen die Zeit, um sich auf eine fesselnde geistige oder körperliche Aktivität zu konzentrieren.

BEWUSST ATMEN

Wir alle haben wahrscheinlich schon einmal in unserem Leben die Erfahrung gemacht, dass wir uns aufgeregt hatten und in der Nacht vor einer wichtigen Präsentation nicht schlafen konnten oder dass unsere Hände und Füße steif wurden und wir nicht mehr in der Lage waren, unsere Worte vor einem Publikum richtig zu formulieren. Wenn Ihr Geist aufgeregt ist, ist es auch Ihr Körper.

Ich war noch nie besonders gut darin, vor Menschen zu sprechen. Seit ich jedoch öfter Gelegenheit hatte, buddhistische Lehrgespräche zu halten, habe ich mich etwas daran gewöhnt, aber ich werde immer noch nervös. Bei Nervosität steigt unser Blutdruck; wir schwitzen, und unsere Atmung wird flach und schnell. Jede mentale Veränderung hat auch körperliche Auswirkungen. Es fühlt sich an, als hätten wir keine Kontrolle mehr über unseren Körper, was uns umso stärker beunruhigt, wenn wir etwas Wichtiges zu tun haben. Es gibt jedoch eine Reihe von Aktionen, die wir kontrollieren können, selbst unter denen, die unser Körper jeden Tag unbewusst ausführt. Eine davon ist das Atmen.

TIEF ATMEN

Unser Körper atmet normalerweise automatisch, ohne dass wir bewusst »einatmen, ausatmen« denken. Sobald Sie sich jedoch Ihrer Atmung bewusst sind, können Sie langsame, tiefe Atemzüge machen. Wenn Sie dies beachten, werden Sie verstehen, warum man sagt, dass man zuerst tief Luft holen sollte, wenn man nervös ist. Indem Sie einen tiefen Atemzug machen, kann sich Ihr Körper entspannen; Sie können sich selbst wieder in Form bringen, dadurch mentale Spannungen abbauen und ein Gefühl der Ruhe zurückgewinnen.

Im Westen werden Geist und Körper traditionell als getrennt betrachtet, aber im Osten werden sie als ein untrennbares, harmonisches Ganzes angesehen. Im Mittelpunkt steht dabei die Atmung.

Im Buddhismus gibt es eine als »Mittlerer Weg« bekannte Geisteshaltung, die in ihrer Ausgewogenheit die Extreme vermeidet. Der Buddha durchlebte eine Periode rigoroser Askese, die seinen Körper bis an die Grenzen trieb, ehe auch er schließlich die asketische Praxis aufgab und stattdessen in stiller Meditation Erleuchtung fand. Als sein Körper von Schmerz gepeinigt war, gelang es ihm nicht, den Geisteszustand erreichen, den er durch Beruhigung seines Körpers, Kontrolle seiner Atmung und Meditation erlangte.

DEN KÖRPER KONTROLLIEREN, UM DEN GEIST ZU KONTROLLIEREN

Es wird gesagt, dass Mönche, die Geist und Körper über viele Jahre hinweg richtig trainiert und diszipliniert haben, in der Lage sind, beide nach Wunsch zu kontrollieren. Sie sind geübt darin, ihren Geist ruhig zu halten, indem sie Gefühle wie Irritation oder Eifersucht unterdrücken, und sie lernen, lange und tiefe Atemzüge zu machen, ohne daran denken zu müssen. Es scheint Menschen zu geben, die sogar den Punkt erreichen, wo sie in der Lage sind, Körperfunktionen, die normale Menschen nicht kontrollieren können, wie zum Beispiel Schweißabsonderung und Herzfrequenz, bewusst zu regeln. Wenn Sie das beherrschen, werden Sie frei steuern können, wie der Geist mit dem Körper und der Körper mit dem Geist interagiert.

Übrigens gibt es unter den Meistern des Buddhismus viele, die ein langes Leben führten. Der Buddha selbst erreichte ein Alter von achtzig Jahren, während Shinran[3], der Begründer des Shin-Buddhismus, neunzig Jahre alt wurde. Zu ihrer Zeit waren das für beide außerordentlich lange Lebenszeiten – ungefähr das Doppelte der durchschnittlichen Lebenserwartung. Wahrscheinlich hängt das zusammen mit Gewohnheiten wie maßvoller Ernährung und langen Fußmärschen bei der Verbreitung der Lehre, aber ein hohes Maß an Zufriedenheit und Gelassenheit dürfte ebenfalls ein wichtiger Faktor gewesen sein.

Geist und Körper stehen in ständiger Wechselwirkung und machen den Menschen aus. Um ein gesundes und friedliches Leben zu führen, müssen wir sowohl auf die Regungen des Geistes als auch auf die des Körpers achten. Der Schlüssel zur Integration dieser beiden Aspekte ist die Atmung.

In Japan hat man schon seit langer Zeit ein Gespür dafür, wie wichtig der Atem für uns Menschen ist. In der japanischen Sprache heißt Atem 息 (iki), und dieses Wort findet sich in zahlreichen Redewendungen, wie zum Beispiel 息が合う (*iki ga au* = »gut harmonieren«) und 息を抜く (*iki wo nuku* = »eine Pause machen«). Für die Japaner ist der Atem das Leben selbst. Sich des Atems bewusst zu sein – etwas, das wir normalerweise als selbstverständlich ansehen –, führt zu einem neuen Bewusstsein für seine Bedeutung.

Es scheint auch, dass Japans frühere Premierminister in der Lage waren, ihren Atem zu kontrollieren und ihren Geist durch *Zazen*, eine Form von Sitzmeditation, zu beruhigen. Heutzutage kann man viele japanische Geschäftsleute in den Meditationshallen von Zen-Tempeln sehen. Wenn Sie Ihre Augen durch Ihren Atem für Geist und Körper öffnen können, können Sie inneren Frieden finden.

Geist und Körper sind eine Einheit. Veränderungen in dem einen wirken sich auf den anderen aus. Wenn Ihr Geist aufgeregt ist, reagiert der Körper beispielsweise mit erhöhter Herzfrequenz, Schweißbildung und schnellerer, flacherer Atmung. Bewusstes, tiefes Atmen ist der Schlüssel, um die Ruhe in Ihrem Körper – und in Ihrem Geist – wiederherzustellen.

DEM TRUBEL ENTFLIEHEN

Wo ist Ihr ruhiger Ort der Entspannung? Ich fühle mich wohl, wenn ich der Hektik der Stadt entfliehe und einen Spaziergang in der Natur mache. Ich mag besonders Orte, an denen es Wasser gibt. Wenn ich das Geräusch der plätschernden Wellen höre, denke ich über die Unwichtigkeit meiner alltäglichen Probleme nach, und mein Herz fühlt sich befreit. Die Rhythmen der Natur wecken meinen Geist und schenken mir ein friedliches Gefühl, aber die beruhigenden Klänge eines Meeres oder eines Flusses können unerwartet laut werden. Wasser in der Natur kann ein solch donnerndes Tosen erzeugen, dass wir nicht in der Lage sind, andere Leute sprechen zu hören. Trotzdem fühle ich mich in der Nähe von Wasser vollkommen ruhig.

Mit anderen Worten, nicht alle Orte, die uns helfen, unseren Geist zu beruhigen, sind selbst ruhig. Was uns erlaubt, unseren Geist an einem bestimmten Ort zu beruhigen, ist die Harmonie aller dort vorhandenen Elemente.

RUHE IM TEMPEL FINDEN

Für mich sind Tempel ideale Orte, um den Geist zu beruhigen, da sie ursprünglich als Stätten zur Schulung von Mönchen bestimmt waren. Damit sich Mönche ihrem Training widmen können, muss das Milieu geeignet sein, den Geist zu fokussieren. Aus diesem Grund haben Tempel im Allgemeinen eine beruhigende Atmosphäre; ich habe noch nie von einem gehört, der den Geist der Besucher in Unruhe versetzt.

Viele der Besucher in den berühmten Tempeln Kyōtos kommen nicht als Touristen dorthin, sondern sie suchen einen Ort, der sie bei der Heilung ihres Geistes unterstützen kann. Oft können wir beobachten, wie die Menschen eine Zeit lang im Tempel verweilen, ohne etwas Bestimmtes zu tun; sie sitzen einfach auf der Veranda, schlendern über das Gelände und nehmen die Atmosphäre in sich auf. Für diese Menschen sind Tempel keine touristischen Ziele – sie sind einfach Orte, an denen man Zeit verbringt.

Auch ich genieße Tempel auf diese Weise. Finde ich einen, der mir gefällt, frage ich mich: »Warum ist dieser Ort so friedlich? Was hat er, was mein Zuhause nicht hat?« Dann suche ich nach Elementen, die geeignet scheinen, um sie in mein eigenes Zuhause einzubauen, und versuche, diese Ideen mit nach Hause zu nehmen.

Das mag unmöglich erscheinen, da das Ambiente eines Tempels völlig verschieden von dem eines Privathauses ist, aber es ist doch nicht so anders, wie Sie vielleicht denken. Die beruhigende Natur eines Tempels hat nichts zu tun mit einer abgelegenen Umgebung oder einem alten Baustil, was beides für die Bewohner moderner Stadtwohnungen nicht verfügbar ist. Stattdessen geht ein wesentlicher Teil der Tempelatmosphäre auf die große Sorgfalt derjenigen zurück, die sich um ihn kümmern, und auf die Wärme des Buddha – und das sind Qualitäten, die Sie nach Hause mitnehmen können.

SEIN ZUHAUSE ZUM TEMPEL MACHEN

Ein angenehmer Tempel ist ein Ort, der von der ersten bis zur letzten Ecke gründlich gereinigt ist und in dem man eine sorgsame Rücksichtnahme gegenüber den Besuchern spüren kann. Da ist

Was uns ermöglicht,
unseren Geist an
einem bestimmten Ort
zu beruhigen, ist die
Harmonie, die dort unter
all den verschiedenen
Elementen herrscht.

auch nichts Unnötiges zu finden. Alle notwendigen Dinge befinden sich genau dort, wo sie gebraucht werden, und nichts ist ungemütlich. All dies geht auf die Menschen zurück, die den Tempel instand halten. Daran ist nichts Geheimnisvolles. Sie können all diese Dinge auch bei sich zu Hause tun, wenn Sie sich Mühe geben.

Möglicherweise denken manche Menschen, Tempel seien etwas Besonderes, weil dort der Buddha residiert, aber man kann den Buddha auch bei sich zu Hause willkommen heißen, indem man einen buddhistischen Hausaltar aufstellt. In Japan als *butsudan* bezeichnet, ist dies ein Ort, an dem der Buddha traditionell verehrt wird. Tatsächlich ist der *butsudan* ein Miniaturtempel im eigenen Haus.

Halten Sie die Orte in Ehren, an denen Sie ein tiefes Gefühl der Harmonie empfinden. Das sind nicht nur Orte der Entspannung, sondern auch Orte, an denen Sie sich so frei fühlen, dass Sie Ihr wahres Selbst sein können. Sie sind ein unersetzlicher Schatz.

Suchen Sie die Orte auf, die Ihnen Frieden schenken. Das kann ein Spaziergang in der Natur oder ein Tempelbesuch sein. Sie können die Atmosphäre eines Tempels bei sich zu Hause nachbilden, indem Sie alles sauber, ordentlich und übersichtlich halten, Rücksicht auf Besucher nehmen und einen buddhistischen Altar aufstellen.

GEHEN

Nach einem schweren Rückschlag verlieren wir oft unser Selbstvertrauen. Wir denken vielleicht, dass wir nicht wieder auf die eigenen Füße kommen können, oder wir haben das Gefühl, dass uns niemand braucht. Von negativen Gedanken erfüllt, werden wir unfähig, uns vorwärts zu bewegen. Doch selbst in solchen Zeiten ist das Gehen für uns eine sichere Methode, um auf unserem Weg voranzuschreiten. Wenn wir es aus eigener Kraft schaffen, unsere Füße auf den Boden zu stellen und Schritt für Schritt stetig voranzugehen, dann werden wir auch nach und nach unseren Schwung zurückgewinnen.

AUF PILGERSCHAFT GEHEN

Wandern ist ideal, um unseren Geist zu beruhigen und über uns selbst nachzudenken. In Japan unternehmen nicht nur Mönche, sondern viele Menschen Pilgerfahrten wie zum Beispiel die nach Shikoku[4] im Südwesten Japans. Diese langen Wanderungen sind als Wege der Selbstfindung beliebt geworden. Auch der Austausch mit den Menschen, denen wir unterwegs begegnen, trägt dazu bei, unseren Glauben an die Menschheit wiederherzustellen, und so können wir den Geist beruhigen und voranschreiten. Es versteht sich von selbst, dass Wandern auch gut für die körperliche Gesundheit ist.

Als er die Vorzüge der individuellen Askese zur Erlangung der Erleuchtung pries, sagte der Buddha einst: »Wandere allein wie das

Nashorn«, und nachdem er im Alter von 35 Jahren die Erleuchtung erlangt hatte, wanderte er anschließend durch ganz Indien und predigte den Menschen. So lebte er in der Tat 45 Jahre lang weiter bis zu seinem Tod. Das muss ein sehr langer und mühsamer Lebensweg gewesen sein, und möglicherweise konnte er eine solche Reise nur deshalb bis zum Alter von 80 Jahren bewältigen, weil er dabei auf seinen eigenen Füßen ging. Wenn wir dem Beispiel des Buddha folgen und kontinuierlich ein angemessenes Maß an regelmäßiger Bewegung in gleichmäßigem Tempo betreiben, können auch wir unser Leben lang das Gleichgewicht zwischen Körper und Geist bewahren.

SENNICHI KAIHŌGYŌ – EINE HARTE TOUR

Im Buddhismus gibt es zahlreiche Formen spiritueller Praxis im Gehen, deren extremste eine tausendtägige Pilgerrunde über den Berg Hiei bei Kyōto sein dürfte. Diese Praxis, die in Japan als *sennichi kaihōgyō*[5] bekannt ist, dürfte eine der härtesten Disziplinen dieser Art weltweit sein.

Die 1000 Tage des Gehens verteilen sich auf sieben Jahre. Während der ersten drei Jahre haben die Praktizierenden jeweils 100 Tage lang 30 Kilometer pro Tag über den Berg Hiei zurückzulegen. Dabei müssen sie nicht nur gehen, sondern auch Tag für Tag an 260 Gebetsstätten innehalten und beten – das bedeutet, dass sie sich eilen müssen und deshalb die meiste Zeit zu laufen versuchen. Für die Dauer der Praxis sind die Mahlzeiten sehr einfach und bescheiden – nicht mehr als das, was der Körper braucht, um am nächsten Tag weitermachen zu können.

Im 4. und 5. Jahr verdoppelt sich die Anzahl der Pilgertage auf 200 pro Jahr. Nachdem der Praktizierende im 5. Jahr 700 Tage absolviert hat, muss er sich dem sogenannten *dōiri* (»Betreten des Tempels«) unterziehen, einem Ritual, in dem er neun Tage vollständig auf jegliche Art von Essen, Trinken, Liegen und Schlafen verzichtet mit dem Ziel, mit der Schutzgottheit Acala[6] eins zu werden.

Im 6. Jahr reduziert sich die Zahl der Pilgertage wieder auf 100, dafür erhöht sich aber die tägliche Distanz auf 60 Kilometer, und die Route erstreckt sich über den Berg Hiei hinaus bis in die Stadt Kyōto. Im 7. und letzten Jahr legt der Asket zunächst 100 Tage lang jeweils 84 Kilometer zurück, um eine große Pilgerrunde über Tempel und Schreine in Kyōto zu absolvieren, bevor er dann in den letzten 100 Tagen wieder täglich 30 Kilometer auf dem Berg Hiei unterwegs ist.

Die Gesamtstrecke, die in diesen 1000 Tagen zu Fuß zurückgelegt wird, beträgt fast 40 000 Kilometer – das entspricht etwa einer Erdumrundung. Es gibt sogar einen Mönch, Yusai Sakai, der diese Praxis zweimal erfolgreich abgeschlossen hat und bis zu seinem Tod im Alter von 87 Jahren im Jahr 2013 ein langes und gesundes Leben führte. Er ist erst der Dritte, der diese bemerkenswerte Leistung vollbracht hat.

Die Anforderungen bei dieser Disziplin übersteigen unsere Vorstellungskraft – tatsächlich stellen sich die Mönche, die *sennichi kaihōgyō* absolvieren wollen, der Herausforderung, zu sterben bereit zu sein. Sie tragen weiße Gewänder wie bei buddhistischen Beerdigungen und führen an der Hüfte sowohl ein Seil als auch einen Dolch mit sich, um sich damit das Leben zu nehmen, falls sie die Praxis nicht beenden können. Wenn die Praxis des Gehens so weit getrieben wird, geht es natürlich nicht mehr um die Erhaltung körperlicher und geistiger Gesundheit. Auf jeden Fall zeigt sich darin die Bedeutung des Gehens als spirituelle Praxis.

Wenn wir unsere eigene Kraft nutzen können, um unsere Füße auf den Boden zu setzen und mit jedem Schritt gleichmäßig voranzuschreiten, werden wir nach und nach unseren Schwung zurückgewinnen.

DEN BODEN UNTER
DEN FÜSSEN SPÜREN

Ich liebe es, immer, wenn ich Zeit habe, mich aufzumachen zu einem Spaziergang. Ob in der Stadt oder auf dem Land, ich gehe in gleichmäßigem Tempo und versuche, unbekannte Wege zu finden. Auf ländlichen Straßen gibt es jedoch weniger Dinge, die unsere Aufmerksamkeit ablenken; daher finde ich sie besser geeignet, um meinen Geist zu beruhigen und meine Gedanken zu ordnen. In der Stadt behindern Menschenmassen und Ampeln das Vorankommen. Die Lauffläche besteht zumeist nur aus Asphalt und Beton, und daraus resultiert ein künstliches Gefühl, wenn die Füße auf den Boden treffen. Ich bevorzuge es, auf dem Land auf Feldern und unbefestigten Wegen zu wandern. Versuchen Sie, gleichmäßig zu gehen, entweder auf Feldwegen oder durch einen großen Stadtpark mit viel Boden unter den Füßen. In der Natur gibt es unerwartete Entdeckungen zu machen.

Stetiges Gehen ist eine ideale Methode, um den Geist zu beruhigen und die Gedanken zu ordnen. Ein langer Spaziergang oder sogar eine Pilgerreise kann Ihren Schwung wiederherstellen und Ihnen helfen, nach einem Rückschlag Schritt für Schritt Ihr Selbstvertrauen wiederzugewinnen.

SCHREIBEN

Seit ich vor etwa zwanzig Jahren Priester geworden bin, verfasse ich Blog-Beiträge, und in anderer Form bin ich noch länger schreibend tätig. Schreiben hilft Ihnen nicht nur, Ihre Gedanken festzuhalten und anderen mitzuteilen. Indem Sie das, was Ihnen in den Sinn kommt, festhalten und dann logisch ordnen, können Sie neue Perspektiven entdecken.

SEINE AKTIVITÄTEN ZEIGEN

Wenn Ihr Kopf vernebelt ist, rate ich Ihnen, es einfach mit dem Schreiben zu versuchen – aber nicht, damit andere Leute es lesen, sondern um Ihr eigenes Verständnis zu vertiefen.

Vor langer Zeit konnte nur eine begrenzte Zahl gebildeter Menschen lesen und schreiben. Dazu gehörten die Mönche, die der Tradition folgend die Sutras lasen und schrieben. Shinran zum Beispiel verbrachte einen großen Teil seines Lebens mit Schreiben und hinterließ zahlreiche Werke. Besonders bemerkenswert ist, dass wir noch nach Jahrhunderten seine Gedankengänge anhand seiner Schriften nachvollziehen können. Es gibt Abschnitte, aus denen sich ersehen lässt, dass er bestimmte Sätze ergänzt oder geändert hat. Anscheinend hat Shinran seine Gedanken so niedergeschrieben, wie sie ihm kamen, das Geschriebene gelesen, noch einmal nachgedacht und dann Änderungen vorgenommen. Ich wage zu behaupten, dass er diesen Prozess als äußerst nützlich empfand, und zwar nicht nur, um seine Gedanken anderen so klar wie möglich zu vermitteln, sondern auch, um diese zu seinem eigenen Nutzen zu vertiefen. Shinran hat nicht nur über die philosophisch-komplexen Lehren des Buddhismus geschrieben. In poetischer Sprache drückte er auch direkt seine eigene Freude über seine Begegnung mit dem Buddhismus aus. Wir können seine Schriften als reine Literatur genießen und dabei nicht nur die Entwicklung seiner Gedanken, sondern auch seiner Gefühle würdigen.

In unserem täglichen Leben sind wir eher erfreut oder betrübt über Angelegenheiten, die unsere Beziehungen oder die Ergebnisse unserer Arbeit und unseres Studiums betreffen, als über den Buddhismus. Das Aufschreiben dieser Angelegenheiten ist ein guter Weg, um Veränderungen in unseren Gefühlen zu verstehen. Deshalb gehört das Aufzeichnen der Gefühle auch zu den Methoden, die in der Psychotherapie Anwendung finden.

SEINE VERFEHLUNGEN NOTIEREN

Im Buddhismus lassen sich die menschlichen Handlungen den drei Bereichen von Körper (physisch), Mund (verbal) und Geist (mental) zuordnen. In jedem dieser Bereiche kann es dazu kommen, dass wir Menschen Fehler machen. Zu den Verfehlungen des Körpers ge-

hören das Stehlen und das Töten anderer Lebewesen, zu denen des Mundes Lüge, Verleumdung und Schmeichelei und zu denen des Geistes das Denken unreiner Gedanken und die Unbeherrschtheit.

Das Bemühen, diese Verfehlungen zu unterlassen, wird zu einem friedlichen Geist führen. Das ist leichter gesagt als getan, aber auch hier kann uns Schreiben helfen – besonders wenn es um den Umgang mit den Verfehlungen des Geistes geht. Jeder kann auf die Idee kommen, etwas Schlechtes zu tun, aber es ist möglich, Verfehlungen des Körpers und des Mundes zu vermeiden. Sie mögen von dem Wunsch getrieben sein, etwas Schlechtes zu tun aber meistens können Sie diesen Drang irgendwie unterdrücken, bevor der Gedanke zur Tat wird.

Es ist jedoch schwierig, Vergehen des Geistes zu verhindern. Wir können ungute Gedanken in unserem Kopf nicht einfach auslöschen. Denn wie sollen wir etwas kontrollieren, das bereits in unser Bewusstsein gelangt ist? Eine Möglichkeit besteht darin, komplett zu ignorieren, was in unseren Geist eindringt. Selbst wenn wir Gedanken der Wut haben, lassen Sie diese so, wie sie sind, und denken Sie nicht weiter darüber nach. Dann werden sie sich zumindest nicht physisch oder verbal in Form von Gewalt oder Beleidigungen manifestieren.

Eine andere Möglichkeit ist, alles zu akzeptieren, was in unseren Geist eindringt, und es richtig zu verdauen. Ignorieren Sie zum Beispiel Gefühle von Wut nicht, sondern stellen Sie sich diesen Emotionen, indem Sie anerkennen, dass Sie gerade wütend sind, und dann

nach der Ursache suchen. Ich persönlich denke, dass dieser Ansatz eine Möglichkeit bietet, unser Verständnis zu vertiefen und voranzukommen, besonders wenn wir uns mit unseren negativen Gefühlen auseinandersetzen, indem wir sie aufschreiben.

Das Ignorieren eigener Emotionen verhindert ein tieferes Verständnis und ist keine grundlegende Lösung. Dann wird auch wahrscheinlich in Zukunft das Gleiche immer wieder passieren. Selbst wenn es viel Zeit und Mühe kostet, sollten diese Verfehlungen des Geistes allmählich abnehmen, wenn wir uns mit unseren Gedanken auseinandersetzen und eine konstruktivere Denkweise finden.

Um ein friedliches Leben zu führen, müssen Sie zunächst Ihren eigenen Geist kennen. In dieser Hinsicht ist das Aufschreiben Ihrer Gefühle ein effektiver Weg, um sich selbst gegenüber ehrlich zu bleiben. Wenn irgendwelche negativen Emotionen in Ihnen aufsteigen, versuchen Sie, diese aufzuschreiben. Wenn Sie nach der Ursache suchen und sich Ihren wahren Gefühlen stellen, sollte Ihr Geist von selbst ruhig werden.

Schreiben ist nicht nur ein Werkzeug der Kommunikation mit anderen, sondern auch ein Weg, ein tieferes Verständnis für unsere Gedanken und Gefühle zu erwerben. Setzen Sie sich mit Ihren negativen Gedanken auseinander: Schreiben Sie diese auf, und notieren Sie dann eine alternative, konstruktivere Denkweise.

Ignorieren Sie
Gefühle der
Wut nicht,
sondern
stellen Sie sich
stattdessen
jenen
Emotionen
und suchen
Sie nach der
Ursache.

SUTRAS

Für viele Japaner sind die Sutras das Erste, was ihnen in den Sinn kommt, wenn sie an den Buddhismus denken. Heutzutage sind Beerdigungen und Gedenkfeiern die Hauptanlässe, bei denen gewöhnliche Menschen mit dem Buddhismus in Berührung kommen, und dies mögen auch die einzigen Gelegenheiten sein, bei denen sie das Rezitieren der Sutras hören. Daher assoziieren viele Menschen Sutras mit traurigen Anlässen, doch eigentlich sollten uns Sutras in ihrer wahren Bedeutung nicht traurig stimmen. Sie sind konzentrierte Kapseln der Weisheit, die man lesen und genießen kann und die mehr von Glück als von Kummer künden.

Unnötig zu sagen, dass sie überall gelesen werden können, auch außerhalb von Tempeln. In der Vergangenheit gab es viele Familien, die sich täglich vor ihrem buddhistischen Hausaltar versammelten, um Sutras zu lesen. Ich weiß noch, dass mein Großvater sich kaum mehr an Ereignisse aus jüngster Zeit erinnern konnte, aber erstaunlicherweise beherrschte er immer noch die Sutras auswendig, die er als Kind zusammen mit seiner Familie vor dem Altar rezitiert hatte.

Wer jedoch noch nie ein Sutra gelesen hat, weiß wahrscheinlich nicht, wo er anfangen soll. Warum in diesem Fall nicht damit beginnen, einen Tempel zu besuchen? In den letzten Jahren gab es in Japan einen Boom bei verschiedenen Praktiken, um uns mit Sutras vertraut zu machen, wie *shōmyō*, eine Art buddhistischer Ritualgesang, und *shakyō*, das Kopieren von Sutras. Warum versuchen Sie nicht, sich nach und nach mit den Sutras vertraut zu machen?

Was steht eigentlich in den Sutras?

Es mag Menschen geben, die vor den Sutras zurückschrecken, da diese Texte Zeile um Zeile in schwierigen *kanji* (»chinesische Schriftzeichen«) geschrieben sind und fast wie magische Formeln aussehen. Diese übernatürliche Aura wird noch verstärkt durch die vielen Legenden von Monstern, die besiegt wurden, wenn man sie mit Papier-Talismanen traf, auf denen Sutratexte standen.

In Wirklichkeit stehen jedoch keine magischen Formeln in den Sutras. Stattdessen enthalten sie die Lehren des Buddha sowie buddhistische Geschichten der Dankbarkeit, die von seinen Schülern zusammengestellt wurden. Von der Zeit an, als er mit 35 Jahren die Erleuchtung erlangte, bis zu seinem Tod im Alter von 80 Jahren wanderte der Buddha lehrend durch ganz Indien. Außerdem vermittelte der Buddha seine Wahrheiten auf eine Art und Weise, die allen Zuhörern zugänglich war. Daher variiert der Inhalt der Sutras stark, von einfachen Geschichten bis hin zu philosophischen Lehren.

Es gibt so viele Sutras, dass späteren Generationen die Auswahl schwerfiel. Um dieses Problem zu lösen, trafen die großen Mönche der Vergangenheit eine Auswahl. Zum Beispiel wurden die Drei Sutras des Reinen Landes von Hōnen-shōnin, dem Gründer der Jōdo-Schule[7], ausgewählt, und diese Schriften werden von allen Schulen des Reine-Land-Buddhismus geschätzt.

Sutras enthalten die von seinen Schülern zusammengestellten Lehren des Buddha sowie Geschichten der Dankbarkeit.

DEN RHYTHMUS
DER SUTRAS GENIESSEN

Um beim Thema zu bleiben: Als ich in meiner Kindheit verschiedenen Zeremonien im Tempel beiwohnte, dachte ich mir: »Was bringt es, etwas zu rezitieren, das man nicht versteht und das von Anfang bis Ende voller *kanji* steht?« Doch so denke ich heute im Allgemeinen nicht mehr. Natürlich ist es am besten, Sutras zu lesen und dabei auch den Inhalt zu studieren, aber wichtig ist nicht allein ihre Bedeutung – denn ich habe erkannt, dass auch der Klang und der Rhythmus selbst die Macht haben, unsere Emotionen zu wecken.

So habe ich einmal bei einer öffentlichen Veranstaltung *shōmyō*-Gesänge der Tendai-Schule[8] angehört. Sie hatten einen unverwechselbaren Klang, und ich war erstaunt über die reiche Melodik. Die Darbietung insgesamt bot eine Geschichte, und ich hatte das Gefühl, dass sie wie ein kraftvolles Theaterstück wirkte. Man könnte auch sagen, dass es sich um eine traditionelle Kunst handelt, die auf dem Berg Hiei gepflegt wurde.

Im Ōtani-Zweig der Jōdoshinshū[9] gibt es die Tradition des Rituals *bandō-bushi*, die auch heute noch praktiziert wird. Sie soll aus der Zeit stammen, als Shinran in die Provinz Echigo, die heutige Präfektur Niigata, verbannt wurde. Während er auf stürmischer See von den tobenden Wellen geschüttelt wurde, soll er den rettenden Namen des Buddha Amida (Amitābha) angerufen haben.

Bandō-bushi wird von Dutzenden Mönchen unisono vorgetragen. Auf *tatami*-Matten sitzend, schütteln sie heftig ihre Oberkörper, während sie laut den Namen Amidas rufen. Das ist ein wirklich machtvolles Ritual, das die Teilnehmer regelrecht überwältigt.

EIN KRAFTVOLLER AUSDRUCK DER EINHEIT

Die ergreifendsten Sutras von allen sind diejenigen, die Sie selbst mit einer Gruppe von Freunden in einem Tempel laut rezitieren. Sutras sind die Worte des Buddha, und wenn Sie diese im Einklang mit anderen lesen, haben Sie das Gefühl, allesamt Schüler zu sein, die seinen Lehren wie ein einziger Körper lauschen. Das weckt ein starkes Gefühl der Einheit, und der ganze Tempel wird von einer tiefen, unbeschreiblichen Emotion erfüllt.

Sutras werden oft bei buddhistischen Zeremonien wie Beerdigungen rezitiert. Sie beinhalten die gesammelten Lehren des Buddha. Sie lassen sich auch allein oder im Kreis von Familie und Freunden lesen. Sowohl durch ihren Sinn als auch durch ihren rhythmischen Klang können sie eine tiefgreifende Wirkung auf Geist und Gemüt ausüben.

FRÜHMORGENDLICHES PROGRAMM

Was wäre für Sie das Härteste, wenn Sie eine Woche lang an einem Tempel-Retreat teilnehmen sollten? Sitzen in der traditionellen *seiza*-Position, kniend im Fersensitz mit eingeklemmten Füßen, sieht schmerzhaft aus; die Mahlzeiten scheinen nicht auszureichen, und die Regeln sind streng. Ich denke, es gibt alle möglichen Schwierigkeiten, aber was die Teilnehmer wahrscheinlich als besonders herausfordernd empfinden, ist das frühmorgendliche Programm, bei dem man vor Tagesanbruch aufstehen muss.

Auch ich hatte früher damit Schwierigkeiten. Als ich mich jedoch bemühte, eine frühmorgendliche Routine zu befolgen, fühlte ich mich sowohl körperlich als auch geistig wohl. Wenn ich gewusst hätte, dass ich meine Tage so erfrischt verbringen würde, hätte ich schon lange vorher damit angefangen, früher aufzustehen, und ich bereue, dass ich es nicht getan habe. Wenn man am frühen Morgen etwas Zeit für sich selbst hat, ist man für den Rest des Tages in friedlicher Stimmung.

Alles begann damit, dass Kenjitsu Nakagaki[10], ein in New York tätiger Vertreter der Jōdoshinshū, mir beibrachte, dass frühes Aufstehen ein gutes Gefühl vermitteln und mich auch bei meiner Arbeit voranbringen würde. Ganz gleich, was passiert, es ist wichtig, dass wir bei der Sache bleiben.

Zu meinem Tagesablauf gehört es, gegen 23.00 Uhr oder Mitternacht ins Bett zu gehen und dann um halb sechs Uhr morgens aufzuwachen. Es mag den Anschein erwecken, dass wir die durch frühes Aufstehen am Morgen gewonnene Zeit damit verbringen, uns schläfrig zu fühlen, und dass wir keine Fortschritte bei der Arbeit und beim Studium erzielen. Doch überraschenderweise ist das nicht der Fall, und ich habe das Gefühl, dass mein Geist sogar schärfer arbeitet als tagsüber. Da scheint das Morgenlicht durchs Fenster und füllt den ganzen Raum mit einer gewissen Frische, die den Beginn eines angenehmen Tages vorwegnimmt.

In unserem Leben wird oft von uns verlangt, auf der Stelle zu entscheiden, was zu tun ist. Zu Zeiten, in denen wir keine Prioritäten setzen oder uns nicht auf plötzliche Veränderungen einstellen können, geraten wir in Panik und verlieren die Kontrolle. Das Leben eines Mönchs ist jedoch ganz anders: Sein Tagesablauf ist von Anfang an festgelegt. Das feste Tagesmuster bedeutet, dass die Mönche nur selten nicht wissen, was sie als Nächstes zu tun haben, oder in Panik geraten, wenn sie etwas Bestimmtes tun müssen. Sie konzentrieren sich einfach auf das, was jederzeit unmittelbar vor ihnen liegt.

Wenn auch Sie jeden Tag früh aufstehen und die ruhige Zeit nutzen, die Sie damit für sich selbst schaffen, um sich auf das Studium oder die Arbeit zu konzentrieren, können auch Sie anfangen, jeden Morgen wie ein Mönch zu verbringen. Wenn Sie bereits etwas erledigt haben, bevor Sie sich auf den Weg zur Arbeit oder zur Schule machen, werden Sie durch die vor Ihnen liegenden Herausforderungen weniger beunruhigt. Außerdem ist es an sich schon positiv, morgens etwas Zeit zu haben, die von niemandem unterbrochen wird. Manchmal klingelt Ihr Telefon spätabends zwischen 21.00 und 24.00 Uhr, aber kaum zwischen 4.00 und 7.00 Uhr morgens.

Stehen Sie früh auf, um eine ruhige Zeit in einem der letzten verbliebenen Freiräume des modernen Lebens zu verbringen.

Der frühe Morgen ist die ruhigste Zeit des Tages. Stehen Sie früh auf, um diese wertvolle Zeit zu nutzen und bei der Arbeit oder dem Studium voranzukommen, oder genießen Sie einfach das ungestörte Alleinsein. Das nimmt Druck vom Rest des Tages.

REINIGUNG

Für Japaner ist der Akt der Reinigung seit Langem mehr als nur eine lästige Pflicht. In allen japanischen Schulen ist es üblich, dass die Schüler putzen; anderswo hingegen gibt es das nur selten. In Japan bezweckt der Akt der Reinigung nicht nur, Schmutz von Wänden und Böden zu entfernen, sondern er gilt auch als eine Möglichkeit, den Schülern beizubringen, die Innenseite des Geistes zu polieren.

Wenn Sie einen Tempel in Japan besuchen, werden Sie feststellen, dass das Gelände vollkommen sauber gehalten wird. Zum Teil geschieht dies aus Respekt vor den Besuchern, aber für die Schulung der im Tempel lebenden Mönche zählt die Reinigung selbst zu den wichtigsten buddhistischen Praktiken. In den Tempeln, die praktizierende Mönche beherbergen, werden Sie nichts herumliegen sehen; das gilt auch für Tempel, die kaum Besucher empfangen. Selbst wenn Sie die Tempelaktivitäten nur für kurze Zeit beobachten, werden Sie auf jeden Fall Mönche in buddhistischer Arbeitskleidung *samue* entdecken, wie sie die ihnen jeweils zugewiesenen Bereiche in aller Stille putzen. Offensichtlich denken sie dabei nicht: »Putzen ist so lästig, und ich würde es lieber nicht machen; also lasst es uns einfach so schnell wie möglich hinter uns bringen.« Im Gegenteil: Die Mönche schätzen es genauso hoch wie die Lesung der Sutras und das Studium.

Lassen Sie mich eine Geschichte über buddhistisches Reinigen erzählen, die Sie nicht vergessen werden, auch wenn die Hauptfigur es vielleicht tut. Es gibt ein japanisches Gemüse namens *myōga*, auch als japanischer Ingwer bezeichnet. Es ist eine stark riechende Pflanze, und wie die Legende besagt, wird man vergesslich, wenn man zu viel davon isst. Das liegt daran, dass sie mit einem besonders zerstreuten Mönch namens Chudapanthaka in Verbindung gebracht wird, nach dessen Tod ein seltenes Gras aus seinem Grab gesprossen sein soll. Diese Pflanze war *myōga*.

»DEN STAUB FEGEN, DEN SCHMUTZ ENTFERNEN«

Zu Lebzeiten des Buddha gab es unter seinen Schülern zwei Brüder: Mahapanthaka und Chudapanthaka. Der ältere Bruder, Mahapanthaka, war sehr klug und lernte Buddhas Lehren gut, aber Chudapanthaka war langsam und sogar unfähig, sich an seinen eigenen Namen zu erinnern, geschweige denn die Lehren des Buddhismus zu behalten. Mahapanthaka machte sich Sorgen um seinen jüngeren Bruder und überlegte, wie er ihm helfen könnte, die Lehren zu behalten, aber alles, was er versuchte, funktionierte nicht. Am Nachmittag hatte Chudapanthaka schon völlig vergessen, was er am Morgen gelernt hatte.

»Ein Mensch, der sich bewusst ist, ein Narr zu sein, ist weise. Ein Mensch, der sich nicht bewusst ist, ein Narr zu sein, ist wahrhaftig ein Narr«, sagte Buddha zu Chudapanthaka, und er wies ihn an, mit einem Besen zu fegen und dabei zu rezitieren: »Fege den Staub, entferne den Schmutz.« Von da an fuhr Chudapanthaka fort, bei Regen und Schnee, bei brütender Hitze und eisiger Kälte zu putzen, ohne einen einzigen Tag Pause zu machen, und dabei die ganze Zeit »Fege

den Staub, entferne den Schmutz« zu rezitieren. Doch dann erkannte er eines Tages: »Das ist's, Staub und Schmutz hängen an meinem Herzen!« Und so erreichte Chudapanthaka die Erleuchtung.

Diese Geschichte lehrt uns, dass es auf dem Buddha-Weg nicht darauf ankommt, viel zu lernen. Es kommt darauf an, in allem, was man tut, gründlich zu sein. Chudapanthaka reinigte ernsthaft, und so konnte er zuletzt die Erleuchtung erfahren. Ein Zen-Meister sagte mir einmal: »Putzen ist nicht einfach Arbeit, es ist ein wichtiger Teil der Praxis.« In Zen-Tempeln widmen sich sowohl die Novizen als auch die älteren Mönche gemeinsam ihren Pflichten.

Der Raum in unseren Büros und um unsere Schreibtische herum ist unser eigener Praxisbereich, in dem wir uns der Arbeit widmen. Zumindest wollen wir versuchen, diese Bereiche sauber und ordentlich zu halten, fast wie bei der Reinigung eines *dōjo* (»Meditationshalle, Übungshalle«). Wenn Sie Ihren Geist und Körper in einer völlig schmutzfreien Umgebung vorbereiten können, dann können Sie neue Entdeckungen machen.

Im Buddhismus ist Reinigung eine wichtige spirituelle Praxis. Scheinbar unbedeutende Aufgaben ordentlich zu erledigen, ist ein Weg zur Erleuchtung. Die Arbeit in einem sauberen, aufgeräumten, gut geordneten Raum ist motivierend und inspirierend.

Den Weg des Buddhismus zu gehen bedeutet nicht, eine Menge zu lernen. Es bedeutet, gründlich zu sein in allem, was man tut.

3

DEN GEIST SCHULEN

ESSEN UND DANKBARKEIT

Worauf achten Sie beim Lebensmittelkauf? Ich versuche, auf das Mindesthaltbarkeitsdatum, die Zutaten und darauf zu achten, woher das Produkt kommt und wie es hergestellt wurde. Essen ist eine grundlegende menschliche Aktivität, und weil das, was wir essen, letztendlich zu einem Teil unseres Körpers wird, sollten wir es mit größerer Sorgfalt behandeln als alles andere.

Der Buddhismus wird häufig mit dem Vegetarismus in Verbindung gebracht, und so glauben viele Menschen, dass Mönchen und Priestern der Verzehr von Fleisch verboten ist. Doch das ist eigentlich nicht wahr. Es heißt sogar, dass der Buddha selbst gelegentlich Fleisch gegessen hat.

Als der Buddha die Erleuchtung erlangte, soll er vorher den Milchreis, der ihm von einem Mädchen namens Sujata gebracht wurde, gegessen haben. Anscheinend hat er auch Fleisch akzeptiert, wenn es ihm als Opfergabe angeboten wurde. Wie eine Überlieferung besagt, wurde sein Tod durch verdorbenes Fleisch verursacht, das ihm von einem Anhänger dargereicht worden war.

Zu jener Zeit hatten die buddhistischen Gebote noch nicht festgelegt, dass Fleisch nicht verzehrt werden soll, obwohl ein Gebot das Töten von Lebewesen verbietet. Danach ist es erlaubt, Fleisch zu verzehren, wenn es nicht von »einem Tier stammt, das den Ort gesehen hat, an dem es getötet wurde, einem Tier, das gehört hat, dass es für einen Mönch getötet werden soll, oder einem Tier, das einen Verdacht auf eines von beiden hat«. Jede Nahrung, die als Opfergabe gereicht wird, muss dankbar angenommen werden.

Die Frage ist also nicht, was Sie essen sollen, sondern welche Gefühle Sie haben, wenn Sie die Nahrung essen, mit der Sie jeden Tag gesegnet sind.

FÜR JEDE MAHLZEIT DANKEN

Anstatt jede Mahlzeit als selbstverständlich zu betrachten, sollten wir sie mit Dankbarkeit empfangen. Diese Art von buddhistischer Einstellung kann man auch im Alltag der Japaner beobachten. Der Brauch, sich für eine Mahlzeit zu bedanken, indem man die Hände zusammenlegt und »itadakimasu« [wörtlich »Ich empfange (das Essen demütig)«] sagt, ist ein wunderbarer Bestandteil der japanischen Kultur, den ich gerne anderen Ländern auf der Welt vermitteln möchte.

Nahrung ist ein großer Segen und sollte mit Dankbarkeit empfangen werden. Vergessen Sie nie das Leben, das in Ihrer Nahrung steckt, ob tierisch oder pflanzlich. Legen Sie Ihre Hände zusammen und sagen Sie »itadakimasu«.

Ganz gleich, was Sie essen, in jedem einzelnen Bissen auf Ihrem Teller steckt eine Menge Leben. Es ist also richtig, dass wir unsere Dankbarkeit gegenüber dem Leben in unserem Essen zum Ausdruck bringen, und das ist etwas, das wir hoffentlich auch in Zukunft all unseren Kindern beibringen werden. Wenn ich wenig Zeit habe, hole ich mir schnell eine Kleinigkeit in einem Fast-Food-Laden, und dabei kam es schon vor, dass ich plötzlich merkte, vergessen zu haben, vorher zu danken.

Letztendlich hoffe ich, dass wir alle, so eilig wir es auch haben mögen, die Zeit finden können, den Segen unserer Nahrung voll zu schätzen, unsere Hände zusammenzulegen und »*itadakimasu*« zu sagen.

AUSWÄHLEN AUS VIELEN MÖGLICHKEITEN

In meiner Schulzeit in Hokkaidō stellte ich mir vor, dass das Leben in Tōkyō sehr aufregend sein müsste, und ich hatte keinen Zweifel, dass ich jeden Tag eine Menge Spaß hätte. Als ich dann tatsächlich zum Studieren nach Tōkyō kam, erinnere ich mich, dass alles sehr anregend war. Ich begegnete einer großen Vielfalt an Menschen und Geschäften, und die Möglichkeiten des Lebens schienen endlos zu sein. Meine Universität lag in der Nähe von Shibuya, wo es so lebendig und laut zuging, als wäre jeder Tag ein Fest.

Doch wenn wir wirklich darüber nachdenken, so können wir immer nur eine Sache wählen, auch wenn es noch so viele Möglichkeiten gibt. Und wo auch immer wir leben, der Tag hat nur 24 Stunden, und es gibt eine Grenze, wie viel wir in diese Zeit hineinpacken können. Unabhängig davon, wie vielen Menschen wir begegnen, gibt es nur eine bestimmte Anzahl, mit denen wir Freundschaft schließen können, und das Gleiche gilt auch für die Orte, die wir besuchen können.

WIE VIELE OPTIONEN BRAUCHEN SIE WIRKLICH?

Es gibt so viel mehr Optionen, als wir je nutzen können, und das bedeutet, dass wir viel Mühe darauf verschwenden, die Zahl der Kandidaten zu reduzieren, um unsere endgültige Auswahl zu treffen. Die Buchläden stehen voller Reiseführer aller Kategorien, und

Ratgeber scheinen sich gut zu verkaufen. Dies könnte ein Zeichen dafür sein, dass unsere Auswahl zu groß geworden ist, und das beunruhigt nun die Menschen.

Die heutige digitale Gesellschaft quillt über vor Informationen, doch wenn wir unsere Verwirrung reduzieren wollen, müssen wir die auf uns eindringende Informationsflut bis zu einem gewissen Grad bewusst kontrollieren. Wenn wir jede verfügbare Option ernsthaft unter die Lupe nehmen wollten, würden wir unsere Zeit mit nichts anderem verbringen.

DIE KARTEN ZUGEDECKT LASSEN

Lassen Sie uns versuchen, unsere Auswahl mit einem Kartenspiel zu vergleichen. Wenn Sie Karten vor sich liegen sehen, die noch nicht umgedreht wurden, ist es schwer, dem Drang zu widerstehen, so viele wie möglich umzudrehen. Wenn Sie jedoch Ihre ganze Zeit nur damit verbringen und dabei vernachlässigen, was eigentlich getan werden sollte, verwechseln Sie das Unwesentliche mit dem Wesentlichen.

In früheren Zeiten gab es nicht so viele Karten zum Umdrehen, deshalb konnten wir uns besser auf das konzentrieren, was vor uns lag. Wenn dann gelegentlich eine Karte vom Himmel fiel, war es sinnvoll, darauf zu reagieren. Aber jetzt, da die Welt von Karten überflutet zu sein scheint, braucht es Mut und Selbstkontrolle, um sie zu ignorieren.

Wir dürfen nicht zu Verarbeitungsmaschinen werden, die von Informationen gesteuert werden – wir müssen die Informationen kontrollieren. Ich denke, es ist wichtig für uns, unsere Prioritäten zu bestimmen und Wege zu finden, unsere Optionen einzugrenzen. In letzter Zeit habe ich versucht, meine eigenen Wege zu finden. Wenn ich zum Beispiel meinen Computer nicht benutze, schalte ich das Internet ab.

Im Buddhismus werden wir davor gewarnt, das zu vernachlässigen, was im Leben wichtig ist, während wir uns in der Hektik des Alltags verlieren. Man vergisst leicht, dass unser Leben nicht ewig dauert, und vergeudet seine Tage damit, sich von den kleinen Problemen direkt vor unseren Augen treiben zu lassen, und so verwechselt man das Unwichtige mit dem Wesentlichen.

Die Möglichkeit, aus einer Vielzahl von Optionen zu wählen, kann uns ein Gefühl von Macht geben. Wenn wir jedoch unser Leben damit verbringen, Informationen zu sichten, um unsere Entscheidungen zu treffen, gewinnen die Informationen Macht über uns. Lernen Sie, die Menge der Informationen, die Sie erhalten, zu kontrollieren.

UMGANG MIT
DEM INTERNET

Im vorigen Abschnitt habe ich über den Mut gesprochen, den Sie brauchen, um die vor Ihnen liegenden Karten, also Ihre Optionen, nicht umzudrehen. Allerdings ohne überhaupt welche umzudrehen, können wir auch nicht leben, und das bedeutet, dass wir eine Auswahl treffen müssen. Das ist leicht zu schaffen, indem Sie einfach den Aufwand reduzieren, der für das Umdrehen der Karten erforderlich ist. Wenn Sie die Anzahl der Karten von hundert auf zehn reduzieren, bedeutet das, dass nur noch ein Zehntel des Aufwands nötig ist. Aber in der Praxis funktioniert das nicht wirklich, weil Sie beim Umdrehen von hundert Karten eher die eine passende Karte finden, als wenn Sie nur zehn umdrehen.

Wenn Sie also die Anzahl der Karten verringern wollen, müssen Sie die Wahrscheinlichkeit erhöhen, eine Karte zu finden, mit der Sie zufrieden sind. Die Kunst besteht darin, die irrelevanten Joker-Karten, die besser nicht aufgedeckt werden, zu vermeiden. Wenn wir zum Beispiel bestimmte Informationen benötigen, suchen wir zuerst im Internet. Die Zeiten haben sich total geändert, und heutzutage nutzen sogar bereits Grundschüler das Internet für ihre Hausaufgaben.

Lesen, Schreiben und Rechnen reichen nicht mehr aus, denn heutzutage müssen wir auch Informationskompetenz erwerben. Während Lesekompetenz sich auf die Fähigkeit zu lesen bezieht, ist Informationskompetenz die Fähigkeit, die notwendigen Informationen richtig zu nutzen, um seine spezifischen Ziele zu erreichen. Dazu gehört auch, unnötige Informationen zu vermeiden.

Im Buddhismus werden wir davor gewarnt, das Wichtige im Leben zu vernachlässigen, während wir uns in der Hektik des Alltags verfangen.

SICH VON BÖSEN ABSICHTEN
FERNHALTEN

Das Internet ist überfüllt mit Informationen. Wir müssen uns nicht mehr allein auf diejenigen verlassen, die uns von den traditionellen Medien wie Fernsehen, Zeitungen und Zeitschriften präsentiert werden, sondern wir können auch in Blogs und ähnlichen Quellen leicht auf Informationen zugreifen, die von Einzelpersonen veröffentlicht wurden. Diese enthalten Material und Standpunkte, die von den Massenmedien nicht abgedeckt werden, aber auf der anderen Seite liefern sie auch eine Menge vager, irreführender und falscher Informationen.

In Echtzeit und ohne geografische Einschränkungen verbreitet sich so Online-Klatsch überall wie ein Lauffeuer. Eine wachsende Zahl von Menschen leidet unter Online-Verleumdungen, und böswillige Gerüchte sind weltweit zu einem sozialen Problem geworden. Viele dieser Informationen sind nicht nur unnötig, sondern können auch einen negativen Einfluss auf die Leserinnen und Leser ausüben.

Dieses Problem ist nicht nur auf das Internet beschränkt, sondern tritt auch auf, wenn wir Ratschläge von Menschen im echten Leben einholen. Während einige uns nützliche Meinungen vermitteln werden, gibt es auch solche, die harmlose, aber nicht sehr aussagekräftige Dinge weitergeben. Doch noch beunruhigender ist die Tatsache, dass es einige Leute gibt, deren Ansichten voller Bosheit sind und für Ärger sorgen. Wie sollten wir mit dieser Art von böswilligen Informationen umgehen?

Eine grundlegende Strategie zur Bewältigung besteht darin, den Geist so zu trainieren, dass er niemals unruhig wird, ganz gleich, wie viele unangenehme Informationen er empfängt und wie vielen unangenehmen Menschen wir begegnen. Dies ist jedoch nicht leicht zu erreichen. Es ist schwierig, ruhig zu bleiben, wenn wir mit Bosheit konfrontiert werden, besonders wenn sich diese Bosheit gegen uns selbst richtet.

Ich möchte einen anderen, gangbareren Weg vorschlagen. Wir sollten Wege finden, um diese Art von Informationen so weit wie möglich bewusst zu vermeiden.

Betrachten Sie die folgenden Worte, die in der Sutra-Sammlung Sutta Nipāta[11] stehen:

> *»Nicht mit Narren verkehren, sondern mit Weisen,*
> *denen Ehrerbietung erweisen, die ihrer würdig sind:*
> *Das ist der höchste Schutz.«*

Wir können uns leicht verirren, wenn wir Beziehungen haben, die uns zur Negativität verleiten; deshalb ist es wichtig, dass wir uns bemühen, uns so weit wie möglich von dieser Art von Verbindungen zu distanzieren.

Das Internet kann ein großartiges Werkzeug, aber auch ein unglaublicher Zeitfresser sein. Schlimmer noch, wenn wir auf Online-Verleumdungen stoßen, kann uns das in Bedrängnis bringen. Es ist schwer, böswillige Meinungen zu lesen, ohne sich darüber aufzuregen; also ist es besser, sie möglichst zu meiden.

EIN WANDERNDER GEIST

Ich habe immer gesagt, dass ich mein eigener Herr bin und von niemandem Befehle annehme. Ich habe die Absicht, zu denken und zu handeln, wie ich will, aber wenn ich wirklich darüber nachdenke, ist das nicht das, was in Wirklichkeit geschieht. Ich habe den starken Wunsch, die Dinge auf meine eigene Art zu tun, aber das bleibt nur ein Wunsch, da ich nicht wirklich weiß, wie ich das umsetzen kann. Zum Beispiel denke ich ständig über dies oder jenes nach. Selbst wenn ich mir sage: »Es ist lange her, dass ich eine Auszeit hatte; also lass uns heute an nichts denken«, denke ich am Ende doch jedes Mal an irgendetwas. Andererseits kann ich nicht konzentriert bleiben, selbst wenn ich mich daran erinnere, dass ich an etwas zu denken habe. Auch wenn ich von niemandem gestört werde, kann ich mich oft nicht dazu bringen, das zu tun, was ich tun möchte.

Wenn Sie zum Beispiel eine Fremdsprache lernen, werden Sie vielleicht von etwas abgelenkt, während Sie die Bedeutung eines Wortes nachschlagen. Ehe man sich versieht, liest man ein Buch, das absolut nichts mit der Sprache zu tun hat, die man gerade lernt.

Verschiedene Gedanken schwirren mutwillig in unseren Köpfen herum, obwohl wir wissen, dass es besser wäre, sie nicht zu denken. Wenn wir die Dinge in diesem Zustand belassen, verfallen wir anscheinend der Illusion, zu denken und zu handeln, wie wir wollen. Wenn ich ganz genau darauf achte, bemerke ich, wie alle möglichen Gedanken in meinen Geist eindringen, wenn ich ihn allein lasse. Bei seltenen Gelegenheiten mag dies konstruktiv sein, aber meistens springen diese zufälligen Gedanken einfach überall herum.

Ein berühmtes Sprichwort besagt: »Es ist schwer, einen schlechten Denker von einem schlafenden zu unterscheiden.« Das bedeutet, dass man besser schlafen sollte, wenn man nichts Sinnvolles denkt. Das Problem besteht jedoch darin, dass schwer zu merken ist, wenn der eigene zerstreute Verstand schlecht arbeitet. Da wir es nicht merken, machen wir ständig so weiter und bedauern und verweilen bei Dingen, über die das Nachdenken keinen Sinn macht.

SICH DEM STELLEN, WAS ZU TUN IST

Der Buddhismus lehrt uns, dass es in unserer Natur liegt, über Dinge nachzudenken, über die wir nicht nachdenken sollten.

Einst stellte ein Schüler dem Buddha verschiedene Fragen, wie zum Beispiel: »Ist die Welt unendlich?«, und: »Leben die Menschen nach dem Tod weiter?« Was hat der Buddha wohl darauf geantwortet? Die richtige Antwort lautet: Er hat es nicht getan.

Die Antwort auf eine Frage, die man nicht beantworten kann, ist sinnlos, auch wenn man noch so viel darüber nachdenkt. Sich über diese Art von Fragen den Kopf zu zerbrechen, ist nicht nur sinnlos, sondern kann sogar schädlich sein. Der Standpunkt des Buddha, dass auf eine sinnlose Frage keine Antwort möglich ist, wird auch in einer seiner berühmtesten Geschichten deutlich, dem »Gleichnis vom vergifteten Pfeil«.

Nehmen wir an, ein Mann wurde von einem vergifteten Pfeil getroffen und steht unmittelbar vor dem Tod. Seine Freunde ha-

Wenn wir unsere Gedanken unkontrolliert lassen, nimmt der Lärm in unseren Köpfen zu, wie und wann es ihm gefällt.

ben nach einem Arzt gerufen, aber was wäre, wenn der Mann nun sagte:

> *»Der Pfeil darf nicht entfernt werden, bis ich weiß,*
> *was für eine Person mich angeschossen hat,*
> *welche Art von Bogen mich angeschossen hat*
> *und welche Art von Pfeil mich verletzt hat.«*

Während der Mann sich mit diesen Fragen beschäftigte, würde das Gift sich ausbreiten und der Mann wahrscheinlich sterben.

Mit diesem Gleichnis wollte der Buddha vermitteln, dass sich die Menschen immer wieder im Wirrwarr unbeantwortbarer Fragen verstricken, auch wenn eigentlich keine Zeit dafür wäre und wir uns der unmittelbaren Realität stellen müssten. Wir sollten das ursprüngliche Ziel des Buddha nicht aus den Augen verlieren, nämlich das Leiden im wirklichen Leben zu beenden.

NICHT FRAGEN »WAS WÄRE, WENN?«, SONDERN »WAS JETZT?«

Es scheint, dass diese Einstellung sogar bei unseren alltäglichen, kleineren Fragen und Sorgen recht nützlich sein könnte.

> »Was ist, wenn ich den Test nicht bestehe und abgelehnt werde?«
> »Was ist, wenn ich entlassen werde?«

In Wirklichkeit sollten wir die unmittelbaren Probleme angehen, zum Beispiel, wie wir uns auf den Test vorbereiten oder wie wir unsere Arbeit so gut wie möglich erledigen können.

Es gibt Fragen, die uns beschäftigen, ob wir wollen oder nicht, über die das Nachdenken aber keinen Sinn ergibt. Wenn wir uns also dabei ertappen, dass wir über so etwas nachdenken, müssen wir bewusst damit aufhören. Wenn wir unsere Gedanken unkontrolliert lassen, wird der Lärm in unseren Köpfen nach Belieben anschwellen. Schalten wir diesen Lärm aus und konzentrieren wir uns stattdessen auf das, was zu tun ist. Wenn Sie sich so verhalten, werden Sie sowohl bei der Arbeit als auch beim Studium mit Sicherheit weitaus größere Fortschritte machen als unter normalen Umständen.

Unser Verstand lässt sich leicht ablenken. Wir sind oft versucht, über Fragen zur Zukunft zu spekulieren, die wir unmöglich beantworten können. Oder wir halten uns mit Bedauern über Vergangenes auf, das wir nicht mehr ändern können. Richten Sie die Aufmerksamkeit auf das Hier und Jetzt!

Alles hat eine Ursache und eine Wirkung. Diese Logik ist natürlich für jeden offensichtlich, besonders wenn Sie ein moderner Mensch sind, der rational denkt. Erstaunlicherweise gibt es aber viele Menschen, die nicht in der Lage sind, dieses Konzept richtig zu begreifen.

Lassen Sie mich ein Beispiel nennen. Als Student interessierte ich mich für den Aktienmarkt, und so eröffnete ich ein Online-Konto und versuchte mich am Aktienhandel. Innerhalb nur eines Tages bewegen sich die Kurse beträchtlich, da ständig Aktien gekauft und verkauft werden. Der Wert meines relativ bescheidenen Portfolios pflegte sich von ein paar Tausend Yen auf zehntausend Yen oder mehr auf und ab zu bewegen. Während der ganzen Zeit, in der ich Aktien hatte, war ich wie auf die Folter gespannt und wusste nie, wann der richtige Zeitpunkt zum Verkaufen war. Am Ende behielt ich die Aktien zu lange und verlor Zehntausende von Yen. Was habe ich mir damals gesagt?

Sie denken wahrscheinlich, etwas in der Art wie: »Das ist das Ergebnis meiner eigenen Unerfahrenheit und Gier, also kann man es nicht ändern. Ich bezahle für meine eigenen Fehler.« Aber das war keineswegs der Fall. Ich schob die Schuld für mein Scheitern auf andere Leute wie die Politiker, deren schlechte Entscheidungen die Lage der Wirtschaft verschlechterten, und die Finanzjournalisten, deren schlechtem Rat ich gefolgt war. Für jede Wirkung gibt es eine Ursache, aber wir wenden uns selten der eigentlichen Ursache zu – unserer eigenen Unreife.

Wie Sie an diesem Beispiel sehen können, geben moderne Menschen zwar vor, Logik zu schätzen, kommen aber oft auf Ideen, die sich der Logik entziehen. Misserfolge, die eindeutig unsere eigene Schuld sind, sind uns lästig; deshalb versuchen wir, die Verantwortung auf etwas anderes zu schieben.

Es ist beunruhigend, wenn etwas passiert und wir den Grund nicht verstehen, und so haben wir die Tendenz, etwas aufzugreifen, das in keinem Zusammenhang dazu steht, und es zu einer plausiblen Ursache zu verdrehen. Wenn wir jedoch immer wieder das Falsche beschuldigen, werden wir immer wieder die gleichen Fehler machen. Jedes Mal werden wir nach der Ursache fragen, und unsere Angst wird wachsen und wachsen. Deshalb ist es wichtig, das Gesetz von Ursache und Wirkung im Hinterkopf zu behalten, besonders in Zeiten wie diesen.

> Falls etwas schiefgeht, kann es uns schwerfallen einzugestehen, dass wir einen Fehler gemacht haben, und wir geben anderen die Schuld. Lernen Sie aus Ihren eigenen Fehlern, oder Sie werden sie immer wiederholen.

SEINE BEGIERDEN
ANERKENNEN

Es gibt eine Vielzahl von Versuchungen um uns herum, wie zum Beispiel Essen, Alkohol, Zigaretten, Shopping und vieles mehr. Von Zeit zu Zeit beschließen wir, uns diesen Versuchungen zu stellen. Dann machen wir eine Diät, hören auf zu trinken, geben das Rauchen auf, fangen an, unseren Haushalt zu planen, und so weiter.

Wann immer neue Methoden zur Bekämpfung von Versuchungen entwickelt werden, wird das, was effektiv ist und was nicht, zu einem beliebten Gesprächsthema. Wir hören vor allem viel von haarsträubenden Diätmethoden – die jedoch fast immer scheitern. Selbst wenn sie kurzfristig zu funktionieren scheinen, gibt es oft das Problem des Jo-Jo-Effekts. Dies kann zwar bei allen Diätmethoden ein Problem sein, ist es aber besonders bei denen, welche die extremsten Ergebnisse versprechen, wie zum Beispiel: »Verlieren Sie zehn Kilogramm in einer Woche!« Ja, Sie verlieren vielleicht zehn Kilogramm in einer Woche, aber wenn Sie dann zwei Wochen später zwanzig Kilogramm zunehmen, war alles umsonst. Soweit ich das beurteilen kann, ist es nicht so, dass höhere Ergebnisse einen stärkeren Jo-Jo-Effekt nach sich ziehen, sondern eher so, dass mit Sicherheit später ein Jo-Jo-Effekt auftritt, wenn Sie Ihre Wünsche gewaltsam unterdrücken.

Lassen Sie uns die eigenen Erfahrungen betrachten. Was passiert zum Beispiel, wenn Sie etwas wollen, aber diese Gefühle gewaltsam unterdrücken? Stellen Sie sich vor, Sie wünschen sich zunächst die neueste Technologie, überzeugen sich dann jedoch selbst davon, dass Sie das nicht wollen und es Ihnen eigentlich egal ist. Sie werden kein Bewusstsein oder Verständnis für Ihre Wünsche entwickeln, wenn Sie so zu handeln versuchen. Wenn Sie sich selbst dazu zwingen, so zu tun, als würden Ihre Wünsche nicht existieren, wird Ihnen das irgendwann zu viel, und die Fassade, die Sie aufgebaut haben, wird zusammenbrechen.

Es ist wahr, dass der Buddhismus uns dazu auffordert, unsere destruktiven Emotionen auszulöschen. Das ist jedoch das ultimative Ziel; auf dem Weg dorthin wird es nützlicher sein, zu lernen, wie man mit diesen Emotionen auskommt, als sie auszulöschen – das gilt besonders für diejenigen von uns, die den Buddhismus nicht aktiv praktizieren und ein durchschnittliches Leben führen.

Ihre destruktiven Emotionen auszulöschen, ist etwas anderes, als sie zu ignorieren. So zu tun, als ob Ihnen ein köstlich duftendes Essen egal wäre, ist etwas völlig anderes, als die Quelle des Geruchs abzulehnen. Sofern wir keine großen Praktizierenden sind, sollten wir uns mit diesem Thema befassen, indem wir davon ausgehen, dass es uns nicht möglich ist, unsere destruktiven Emotionen auszulöschen.

Wohl wissend, dass wir ständig von diesen negativen Emotionen kontrolliert werden, sollten wir nach Wegen suchen, sie zu umgehen, indem wir beispielsweise unsere Umgebung in jeder Hinsicht so gestalten, dass wir uns möglichst nicht von Begierden beeinflussen lassen. Wenn man eine Diät machen will, dann könnte man das praktizieren, indem man Orte meidet, an denen uns der Duft unserer Lieblingssüßigkeiten in die Nase steigt. Wenden Sie sich nicht ab, wenn unweigerlich destruktive Emotionen hochkommen. Beginnen Sie stattdessen damit, sich der Tatsache bewusst zu werden, dass es Emotionen in Ihnen gibt, die Sie einfach nicht übergehen können.

Natürlich müssen wir uns bei Krankheiten wie Alkoholabhängigkeit, bei denen wir ohne angemessene medizinische Versorgung nicht gesund werden können, in Behandlung begeben. Aber auch dann besteht der erste Schritt auf dem Weg zur Genesung darin, sich seiner Situation bewusst zu werden.

Wenn Sie sich nicht bewusst sind, dass Sie von diesen Emotionen beeinflusst werden, können Sie diese nicht steuern. Warum suchen Sie nicht nach einer realistischeren Methode, die das Bewusstsein nutzt? So können wir Rückfälle vermeiden, die dadurch entstehen, dass wir so tun, als ob unsere Wünsche nicht existierten. Wenn dieses Wesen, das wir Selbst nennen, nicht als Ganzes kontrolliert werden kann, dann werden wir als Ganzes keine guten Ergebnisse erzielen können.

EIN GEBET DES VERZICHTS SPRECHEN

In Japan gibt es traditionell die Sitte, dass jemand, der etwas aufgeben will, an dem er hängt, zu den buddhistischen oder shintoistischen Gottheiten betet, damit sein Herzenswunsch in Erfüllung gehen möge. Ich meine, das hilft zumindest, die Wahrscheinlichkeit eines Rückfalls zu verringern.

Ihre Begierden zu unterdrücken, funktioniert nie. Stehen Sie stattdessen dazu und versuchen Sie, sie zu umgehen, indem Sie sich so weit wie möglich von der Versuchung fernhalten. Eine andere Methode ist, ein Gebet des Verzichts an den Buddha zu richten. Auf diese Weise werden Sie sich vor ihm zu verantworten haben, falls Sie rückfällig werden.

Stellen Sie sich zum Beispiel vor, Ihr Arzt verordnet Ihnen, mit dem Trinken und Rauchen aufzuhören. Das wäre besonders schwierig für jemanden, für den Alkohol und Zigaretten bisher als unverzichtbar galten. Was aber, wenn Sie dem Buddha ein Versprechen geben würden?

Selbst wenn Sie dem allwissenden Buddha gegenübertreten und sich dreiste Entschuldigungen ausdenken könnten, würden Sie sich nur unglücklich fühlen. Der Buddha ist wahrscheinlich der beste Begleiter, wenn Sie sich an Ihre Vorsätze halten, während Sie sich der Tiefe Ihrer eigenen destruktiven Emotionen bewusst sind. Destruktive Emotionen sind der innere Feind, der unsere Gelassenheit bedroht. Es ist unmöglich, diesen Feind vollständig zu besiegen, doch wenn wir ihn ignorieren, wird er doppelt so groß und kann sich austoben. Viel besser ist es, zu lernen, den Feind zu Ihrem Verbündeten zu machen.

4
LOS-
LASSEN

GELD

Unter all den verschiedenen Reizen um uns herum gibt es einen besonders störenden: Geld. Da es mit jedem Aspekt unseres Lebens verbunden ist, kann sich niemand davon distanzieren. Geld selbst ist allerdings nichts weiter als ein Stück Papier, und solange wir es nicht gegen Waren oder Dienstleistungen eintauschen, ist es völlig nutzlos – es lässt sich nicht einmal als Notizbuch verwenden. Oft können wir es nicht einmal anfassen, denn es ist nur eine Zahl auf einem Bildschirm oder einem Kontoauszug. Und doch sind die Leute mehr oder weniger auf diese Zahl fixiert.

Wenn sie steigt, sind wir glücklich. Wenn sie abnimmt, sind wir traurig. Als Kinder wird uns beigebracht, wie die Gesellschaft funktioniert; dabei erklärt man uns, dass wir für das, was wir uns kaufen wollen, sparen sollten. Doch als Erwachsene können wir die Tendenz entwickeln, Geld nur um des Geldes willen zu sparen, anstatt etwas zu kaufen, das wir haben wollen.

Die Leute arbeiten sehr hart, um diese Zahl zu vergrößern, und sie versuchen, das gesparte Geld effizient zu nutzen, um es mehr und mehr werden zu lassen. Auf der anderen Seite gibt es Leute, die zu viel ausgeben und in Schulden geraten; sie müssen dann Mittel und Wege finden, Geld an ihre Gläubiger zurückzuzahlen. In diesem Fall arbeiten die Menschen im Dienste des Geldes, weil sie zurückgeben müssen, was sie sich aus der Tasche eines anderen geliehen haben. Es lässt sich ohne Übertreibung sagen, dass Geld eine Kontrollposition über unsere Handlungen eingenommen hat.

DEN EIGENEN WERT NICHT IN GELD MESSEN

Warum hat Geld einen solchen Einfluss auf unseren Verstand, dass wir nicht davon lassen können? Zum einen liegt es in der Natur des Geldes, da es die Möglichkeit bietet, sich gegen alle Arten von Waren und Dienstleistungen tauschen zu lassen. Geld zu haben, ist irgendwie beruhigend, da wir uns damit diese Möglichkeiten für die Zukunft bewahren können. Es ist so, wie wenn man viel Reis im Keller lagert.

Es gibt aber noch einen weiteren Aspekt des Geldes. Neben seiner praktischen Funktion als Zahlungsmittel für den Kauf von Waren und Dienstleistungen ist Geld zu einem gängigen Kriterium geworden, um damit den Wert von allen möglichen Dingen zu messen – Menschen inklusive. So verwenden wir die Höhe unsers Kontos oder Einkommens zunehmend als Maßstab, um uns mit anderen Menschen zu vergleichen. Geld ist also nicht mehr nur der Reis im Keller, es ist zur Statusreferenz geworden.

Der Vergleich mit anderen ist ein großes Hindernis für ein friedliches Leben. Im Buddhismus heißt es, dass dieser Vergleich die zerstörerischen Emotionen der »drei Gifte« (siehe Seite 22) auslöst und stets zu einem Gefühl der Überlegenheit oder Unterlegenheit gegenüber anderen führen wird. Dabei können wir uns dabei ertappen, wie wir Dinge denken wie: »Gott sei Dank bin ich reicher als diese Person«, oder: »Wie kann das Gehalt dieser Person doppelt so hoch sein wie meines?«

Unser Verstand wird aufgewühlt, und wir treten in einen Wettlauf mit anderen Menschen ein. Dieser Konkurrenzdrang, immer höher zu klettern, setzt einen eigendynamischen Kreislauf des Verlangens in Gang, der dazu führt, immer mehr und mehr zu wollen.

Sich mit anderen zu vergleichen, ist ein großes Hindernis für ein friedliches Leben.

Wenn wir Geld nur um des Geldes willen besitzen wollen, werden wir zu Sklaven des Geldes. Wenn Sie Ihr Leben frei, friedlich und ungebunden leben wollen, dann sollten Sie die Extreme so gut wie möglich meiden und stabil bleiben, indem Sie so viel Selbstkontrolle wie möglich ausüben.

Dazu ist es wichtig, Ihren Sinn für Ausgewogenheit zu erhalten und zu verbessern, sodass Sie die für Sie richtige Menge Geld sparen und ausgeben können – nicht zu wenig und nicht zu viel. Mein wahrer Wunsch ist allerdings, dass jeder aufhört, sich zu fragen, ob das, was er hat, wenig oder viel Geld ist, und dass er dies nicht länger als Vergleichsmaßstab mit anderen heranzieht. Wir alle brauchen etwas Geld, aber wenn Sie sich zu sehr damit beschäftigen, werden Sie nie einen friedlichen Tag haben.

Geld ist nichts weiter als eine Wertmarke, die gegen Waren und Dienstleistungen eingetauscht werden kann. Wenn wir jedoch Geld um seiner selbst willen begehren und es als Maßstab benutzen, um uns mit anderen Menschen zu vergleichen, dann werden wir zu seinen Sklaven. Freiheit von Verlangen nach Geld ist unbezahlbar.

Die Angewohnheit, uns mit anderen zu vergleichen, ist tiefer verwurzelt, als wir uns vorstellen, und sie taucht jedes Mal auf, wenn wir unerwartet über etwas nachdenken. So drücken wir unsere Sorgen über uns selbst immer durch Vergleiche mit anderen Menschen aus: »Diese Person ist jünger als ich, aber sie ist schon so erfolgreich«, oder: »Sie haben schon vor Ewigkeiten geheiratet, aber ich bin immer noch Single.« Diese Dinge sind nur deshalb ein Thema, weil wir uns mit anderen vergleichen.

Ist das Glück eines Menschen etwas, das man mit dem Glück anderer vergleichen kann? Viele würden wahrscheinlich mit Nein antworten. Tatsache ist jedoch, dass es in dieser Welt verschiedene Arten von Ranglisten gibt, über die wir uns aufregen, von Testergebnissen bis hin zu Jahreseinkommen.

Da jeder Mensch eine eigene Persönlichkeit hat und in einem unterschiedlichen Umfeld lebt, ist es sinnlos, das Glück des einen mit dem des anderen zu vergleichen. Obwohl jeder sicherlich weiß, dass dies wahr ist, ist es dennoch schwierig, damit aufzuhören, sich mit anderen Menschen zu messen.

Es ist schwer,
neidisch auf sich
selbst zu sein.

Es ist nur natürlich, dass das alles nichts bringen wird, weil wir versuchen, einen Vergleich zwischen Dingen zu erzwingen, die sich im Grunde genommen nicht vergleichen lassen. Wenn Sie sich selbst für besser halten als andere Menschen, wird es Sie zufrieden machen, mit dem Gefühl der Überlegenheit zu leben. Wenn Sie sich für weniger gut halten, werden Sie sich unglücklich fühlen und eifersüchtig oder neidisch auf andere sein. So oder so entstehen nur hässliche, negative Gefühle, und daraus kann nichts Gutes erwachsen.

WENN VERGLEICHE, DANN MIT SICH SELBST

Was sollten Sie also tun, wenn Sie wider besseres Wissen das Gefühl haben, sich mit anderen zu vergleichen? Zunächst einmal sollten Sie diese Gefühle ignorieren und sich sagen: Ich bin ich, andere Menschen sind andere Menschen. Wenn der Blick auf Ranglisten bei Ihnen Gefühle von Überlegenheit oder Eifersucht hervorruft, dann schauen Sie sie nicht an.

Der Vergleichsinstinkt ist jedoch in uns allen verankert und lässt sich nicht so einfach zum Schweigen bringen. Warum also nicht eine Person – eigentlich die einzige Person – finden, mit der Sie gültige Vergleiche anstellen können? Diese Person sind natürlich Sie selbst. Versuchen Sie, darüber nachzudenken, wie sich Ihr gegenwärtiges mit Ihrem vergangenen Selbst vergleichen lässt und wie sich Ihr gegenwärtiges Selbst mit Ihrem zukünftigen vergleichen lassen sollte.

Wenn Sie sich zum Beispiel Sorgen wegen Ihres Jahreseinkommens machen, dann könnten Sie versuchen, Ihr gegenwärtiges mit Ihrem vergangenen Einkommen zu vergleichen und nicht mit dem eines anderen. Vielleicht ist es gestiegen, vielleicht ist es gesunken, nachdem Sie Ihren Job verloren haben. Aber selbst wenn Ihr Einkommen vorübergehend gesunken ist, ist es schwer, auf sich selbst neidisch zu sein. Wenn Sie mit Ihrer aktuellen Situation unzufrieden sind, dann setzen Sie sich vernünftige Ziele für die Zukunft und arbeiten Sie darauf hin.

GEDEIHEN DURCH VERGLEICHEN

Nur weil Sie Sie sind und andere andere sind, heißt das aber noch lange nicht, dass Sie nichts mit anderen Menschen zu tun haben sollten. Vielmehr sollten Sie sich aktiv mit denen beschäftigen, die in der Lage sind, ihren eigenen Weg zu gehen und ihr Bestes zu geben. Gemeinsam können Sie zu Kameraden werden, die sich gegenseitig unterstützen.

Selbst in der Welt des Buddhismus, in der sich jeder von uns als Individuum bewegt, schätzen wir diejenigen, die den Weg an unserer Seite gehen. Ein Vorwärtskommen ist nicht möglich ohne andere Menschen, die uns in die richtige Richtung führen und ermutigen. Genauso ist es für uns extrem wichtig, Freunde zu haben, mit denen wir zusammenarbeiten können, um unsere Ziele zu erreichen, und die uns den Weg weisen, wenn wir uns entmutigt fühlen.

Manche Menschen haben auch Rivalen, meist in ihrem Arbeitsumfeld. Was bedeutet diese Art von Rivalität für Sie? Wenn es Rivalität im guten Sinne ist, Sie sich gegenseitig ermutigen und sich dabei selbst treu bleiben, dann ist es keine schlechte Idee, einen Rivalen zu haben.

Wenn Sie beide Ihr Bestes geben, um die Arbeitsleistung zu verbessern, dann werden Sie, wenn die andere Person einen neuen Umsatzrekord erzielt, bei sich denken: »Wenn er solche Ergebnisse erzielt, kann ich das vielleicht auch.« Das wirkt dann als Inspiration und hilft Ihnen, sich selbst erreichbare Ziele zu setzen.

Wir beeinflussen uns gegenseitig als Kameraden, die jeder mit sich selbst konkurrieren. Im Gegensatz dazu wird ein Wettbewerb gegen feindselige Konkurrenten, die nur ihre Ergebnisse mit denen anderer vergleichen und versuchen, andere zu übertrumpfen und zu besiegen, uns davon abhalten, auf lange Sicht Fortschritte zu machen.

Sich mit anderen Menschen zu vergleichen, führt nur zu Gefühlen von Überlegenheit oder Unterlegenheit, und das ist beides nicht gut für Sie. Vergleichen Sie sich stattdessen mit Ihrem vergangenen oder zukünftigen Ich. Suchen Sie sich Mitstreiter zur gegenseitigen Unterstützung auf Ihrem Weg. Rivalen können einen positiven Einfluss haben, wenn Sie deren Leistungen als Inspiration für Ihren eigenen Erfolg nutzen.

GETÖNTE BRILLE

Es wird oft gesagt, dass wir die Welt durch eine getönte Brille sehen. Anstatt die Dinge ehrlich und gerecht zu betrachten, bewerten wir sie aus einem voreingenommenen Blickwinkel durch Brillengläser, die in einer Mischung aus unseren eigenen Interessen und Emotionen gefärbt sind. Im Gegensatz zu realen Brillen können wir diese imaginären Brillen jedoch nicht abnehmen. Die Sicht eines jeden Menschen auf die Welt ist einzigartig. Wenn zwei Menschen dasselbe Bild betrachten, ist der Eindruck, den es auf sie macht, von Person zu Person unterschiedlich.

Im Gegensatz zu einer echten Brille merken wir oft nicht, dass wir diese getönte Brille tragen, oder wenn wir es merken, nehmen wir an, es sei einfach, sie nach Belieben abzusetzen. Ein gutes Beispiel dafür sind Zeitungen. Menschen, die denselben Artikel über einen Rechtsfall lesen, werden völlig unterschiedlich reagieren. Einige werden mit dem Kläger sympathisieren, andere mit dem Beklagten, und jeder wird glauben, dass seine eigene Sichtweise fair und richtig ist. Natürlich ist es auch unmöglich, dass der Artikel eine neutrale Perspektive vertritt, da er von einem Menschen geschrieben wurde.

Selbst wenn der Bericht mit gewissenhaftem Bemühen um Unparteilichkeit verfasst wurde, werden die Vorurteile des Journalisten und des Zeitungsverlags zum Tragen kommen. Die Farbe dieser Vorurteile mag blass sein, aber sie wird immer noch da sein. Trotzdem behandeln wir Nachrichtenartikel wie objektive Fakten. Menschliche Objektivität wird immer mehr oder weniger gefärbt sein.

SELBSTSTÄNDIG DENKEN

Wenn wir unseren eigenen Ansichten nicht vertrauen, sollten wir uns nicht auf diejenigen anderer Leute verlassen. Menschen, die nicht auf andere hören und trotzig ihre eigenen Urteile und Vorurteile vertreten, sind problematisch, aber wer behauptet, er könne sich kein eigenes Urteil bilden, ist es noch mehr. Obwohl es gut ist, sich von einer Person mit reicher Erfahrung beraten zu lassen, dürfen Sie nicht vergessen, dass Sie selbst am Ende die Entscheidung treffen müssen. Wir können nicht andere Menschen für unsere eigenen Fehler verantwortlich machen.

Auf Wahrsagerei zu vertrauen kann ebenfalls ziemlich gefährlich sein. Selbst wenn Sie später den Göttern oder dem Buddha die Schuld geben, wenn die Dinge schiefgehen, sind Sie dennoch für das Scheitern verantwortlich. Mein Leben kann nur von mir selbst gelebt werden. Ich kann die Zügel nicht an jemand anderen übergeben.

Bevor der Buddha starb, sagte er zu einem seiner Schüler: »Verlasse dich nicht auf mich, sondern verlasse dich auf den Dharma.« Mit anderen Worten: Betrachte den Buddha als eine weitere Person, deren Rat nicht blind akzeptiert werden sollte. Führe stattdessen dein Leben, indem du selbst denkst und dem Dharma, der universellen Lehre des Buddhismus, folgst.

SEINE VORURTEILE KENNENLERNEN

Diese getönten Brillen sind unzuverlässig, und obwohl wir sie nicht mögen, können wir sie nicht abnehmen. Wir können uns aber auch nicht auf andere verlassen. Was also sollten wir tun? Wenn wir diese Brille nicht absetzen können, sosehr wir es auch versuchen, müssen wir einen Weg finden, damit erfolgreich zu leben. Da wir die Dinge nicht aus fairer und richtiger Perspektive sehen können, sind wir nicht in der Lage, die Wahrheit dessen zu erfassen, was wir sehen. Wenn das so ist, warum fangen wir dann nicht damit an, die Eigenschaften unserer eigenen farbigen Brille kennenzulernen?

Vergleichen Sie die Farbe einer fremden Brille mit Ihrer eigenen. Wenn Sie ein Bild betrachten, sehen Sie vielleicht eine bestimmte Sache, während jemand anders etwas anderes sieht. Denken Sie nicht darüber nach, welche Perspektive richtig ist, sondern betrachten Sie nur, wie sich die Perspektiven unterscheiden. Auf diese Weise werden Sie nach und nach die Eigenschaften Ihrer eigenen getönten Brille immer besser verstehen. Dann werden Sie lernen, wie Sie auch unter dem Einfluss Ihrer Vorurteile einen ehrlichen Weg gehen können. Darüber hinaus können wir durch ein besseres Verständnis für die Sichtweise anderer Menschen unsere Fähigkeit zu Mitgefühl erweitern, und wir werden in weniger unnötige Streitigkeiten geraten.

> Wir alle sehen
> die Welt durch
> eine getönte Brille, die
> durch eigene Erfahrungen und
> Vorurteile gefärbt ist. Das können
> wir nicht ändern, aber wir können
> lernen, unsere Vorurteile in Betracht
> zu ziehen. Wie unzuverlässig unsere
> Sichtweise auch sein mag, unsere
> Entscheidungen sollten wir auf
> unser eigenes Urteil stützen,
> nicht auf das eines
> anderen.

AUTHENTISCHE BEZIEHUNGEN

Ob am Arbeitsplatz oder in der Schule, wenige Dinge bereiten uns mehr Sorgen als unsere Beziehungen zu anderen Menschen. Beziehungen zwischen Vorgesetzten und Mitarbeitern, zwischen Arbeitskolleginnen und Arbeitskollegen, zwischen Lehrern und Schülern, zwischen Klassenkameradinnen und Klassenkameraden oder zwischen Senioren und Junioren. Es gibt sicher viele Menschen, die sich unbehaglich und gestresst fühlen.

Wie können wir also unsere Beziehungen weniger stressig gestalten? Es könnte helfen, eine gewisse Distanz zu denen einzuhalten, mit denen wir uns nicht verstehen. Doch das ist nicht immer möglich. In einem eng zusammenarbeitenden Team wäre es seltsam, eines der anderen Mitglieder auf Abstand zu halten. Es geht nicht um die Distanz zwischen Ihnen und den anderen, sondern vielmehr darum, ehrlich zu sich selbst zu sein, was Ihre Gefühle gegenüber anderen angeht.

AUS DEN AUGEN, NOCH IM SINN

Zu Menschen, die wir nicht mögen, physische Distanz zu wahren, ist eine Sache. Eine ganz andere Geschichte ist es jedoch, wenn es um mentale Distanz geht. Wenn ich Sie bitten würde, drei Personen aufzulisten, die Sie nicht mögen, würden Ihnen wahrscheinlich sofort bestimmte Namen in den Sinn kommen. Ganz gleich, wie weit Sie sich von diesen Personen entfernt haben: Die Tatsache, dass sie

Ihnen in den Sinn gekommen sind, bedeutet, dass sie in Ihrem Bewusstsein immer noch ziemlich präsent sein müssen, also eigentlich recht nahe sind.

Wenn Sie diese Gefühle der Abneigung nicht auflösen können, dann werden sie, selbst wenn noch so viel Zeit vergeht, eine Quelle von Lärm in Ihrem Geist bleiben. Sie müssen sich fragen, warum Sie diese Gefühle empfinden, die Ursache in Ihrem eigenen Geist herausfinden und sie dann überwinden.

Wir mögen zwar anführen, dass wir den Grund, warum wir eine bestimmte Person nicht mögen, nicht kennen, aber es muss irgendwo einen geben. Seltsamerweise sind die Menschen, die wir nicht mögen, oft diejenigen, die uns in mancherlei Hinsicht am ähnlichsten sind. Und wie oft gesagt wird, ist der Fehler des einen die Lektion des anderen. Wenn Sie die Ursache für Ihre Abneigung herausfinden und den Prozess aufdecken können, der dazu geführt hat, dann können Sie eine neue, ehrlichere und authentischere Beziehung zu dieser Person aufbauen.

LIEBE AUS DEN RICHTIGEN GRÜNDEN

Lassen Sie uns nun versuchen, über die Menschen nachzudenken, die wir mögen. Liebe zu anderen Menschen wird normalerweise als positive Emotion angesehen, aber im Buddhismus kann Liebe als Form von Anhaftung gelten, als destruktive Emotion, die mit Gier verbunden ist. Wahrscheinlich fragen Sie sich, warum Liebe so negativ gesehen wird, aber der Buddhismus sagt nicht unbedingt, dass Liebe an sich schlecht ist – es hängt vor allem von der Richtung ab. Die Art von Liebe, die aus einem mitfühlenden und barmherzigen Herzen kommt, ist zu ermutigen. Liebe, die auf sich selbst bezogen ist, also Narzissmus, ist jedoch eine destruktive Emotion.

Unabhängig davon, ob es sich um eine romantische Beziehung handelt oder nicht, scheint die Zuneigung zu einem anderen Menschen auf den ersten Blick eine auf einen anderen gerichtete Liebe zu sein. Doch in vielen Fällen kann das in Wirklichkeit eine auf sich selbst bezogene Liebe sein. Wenn Sie zum Beispiel sagen: »Ich mag sie, weil sie gut aussieht und nett ist«, verrät dies mehr darüber, was wir von der Beziehung zu dieser Person haben, als darüber, wie sehr wir sie mögen. Wenn sich dann herausstellt, dass die Realität anders ist als das, was wir uns vorgestellt haben, sagen wir, dass wir betrogen wurden, und die Liebe verwandelt sich plötzlich in Hass. Wenn wir sicherstellen können, dass unsere Liebe zu anderen Menschen nicht narzisstisch ist, sondern aus einem mitfühlenden und barmherzigen Herzen kommt, werden wir von guten Beziehungen für alle Beteiligten umgeben sein.

Die buddhistischen Lehren betonen, wie wichtig es ist, gute Gefährten zu haben, aber dass wir diese Menschen nicht danach beurteilen sollten, ob wir sie mögen oder nicht. Anstatt Freunde zu haben, die für Sie bequem sind, ist es wichtig, solche Freunde zu haben, mit denen Sie gemeinsam wachsen können, während Sie sich gegenseitig ermutigen. Solche Beziehungen sind der Schlüssel zu einem erfrischenden Leben.

Wenn Sie bei der Frage, warum Sie jemanden nicht mögen, ehrlich zu sich selbst sind, wird das dazu beitragen, eine authentischere Beziehung zu dieser Person aufzubauen. Achten Sie darauf, dass Ihre Liebe zu anderen Menschen auf echter Sorge um ihr Wohl beruht und nicht auf dem, was sie Ihnen bieten.

Der Buddhismus lehrt: »Leben ist Leiden.« Leiden bedeutet hier mehr als das Ertragen von Widrigkeiten oder Schmerzen – es steht für Dinge, die sich nicht so entwickeln, wie wir es uns wünschen.

Im Buddhismus betrachten wir die vier universellen Leiden des Daseins, nämlich Geburt, Alter, Krankheit und Tod. Obwohl wir alle wissen, dass diese Leiden unvermeidlich sind, treten sie oft in Zeiten und in einer Art und Weise auf, die wir nicht erwarten. Wir leiden ständig darunter, dass sich die Dinge nicht so entwickeln, wie wir es uns wünschen. Selbst wenn das gelegentlich der Fall ist, hegen wir bald neue Erwartungen, und so ist die Befreiung von unseren Sorgen nur vorübergehend.

Ein Großteil unseres Leidens entsteht bei dem Versuch, unseren eigenen Weg zu gehen, auch wenn das Leben nicht nach Plan verläuft. Eine Lösung besteht darin, unsere eigenen Grenzen zu erkennen und zu verstehen, dass das Leben normalerweise nicht so verläuft, wie wir es erwarten. Wir glauben vielleicht, dass wir immer noch versuchen können, die Dinge so laufen zu lassen, wie wir es wollen, aber es ist dieser Gedanke an sich, der unsere eigenen Grenzen darstellt.

Meiner Meinung nach neigen ironischerweise diejenigen, die mehr Selbstdisziplin aufweisen, eher dazu, sich Sorgen darüber zu machen, dass die Dinge nicht so laufen wie erwartet. Eine verantwortungslose Person wird schnell aufgeben mit der Einstellung: »Nun, es hat nicht geklappt. Diesmal hatte ich einfach Pech. Lass uns etwas anderes versuchen!«

Um uns von der Last menschlicher Beziehungen zu befreien, müssen wir uns der Tatsache stellen, dass nicht alles nach Wunsch laufen wird.

Auf der anderen Seite wird sich eine ernsthafte Person, die akribisch hart arbeitet, eher fragen: »Warum läuft es nicht für mich, auch wenn ich dem Plan folge und so hart arbeite?« Wer in der Lage ist, ein gewisses Maß an Kontrolle über sich selbst auszuüben, wird auch versuchen, den Rest der Welt zu kontrollieren.

Schaffen Sie ein Gleichgewicht zwischen diesen beiden Extremen, indem Sie sich sagen: »Wenn es so läuft, wie ich will, ist das ein Segen.« Diese Einstellung erlaubt es uns, unsere Ziele mit Entschlossenheit zu verfolgen, ohne uns zu sehr aufzuregen, wenn sie für uns unerreichbar werden.

DIE GRENZEN DER KONTROLLE ERKENNEN

Es mag offensichtlich sein, aber andere Menschen sind andere Menschen, ganz gleich, ob es sich um Ehemann oder Ehefrau, Liebhaber oder Freundin handelt. Wir können nicht davon ausgehen, dass sie sich genauso verhalten werden wie wir, und wir können andere nicht wie unser Eigentum behandeln – nicht einmal unsere Kinder.

Der Mensch legt großen Wert darauf, seinen eigenen Weg gehen zu können. Wir versuchen, den Bereich, über den wir ein Gefühl der Kontrolle haben, so weit wie möglich auszudehnen.

Wenn die Dinge nach Wunsch laufen, führt das zu Freude, und wenn sie nicht nach Wunsch laufen, führt das zu Unmut. Wir versuchen, so viel wie möglich von dieser Freude zu ergattern – sei es in Form von Geld, Grund und Boden, Besitz und so weiter – und zu uns heranzuziehen.

Um uns von der Last menschlicher Beziehungen zu befreien, müssen wir uns daher der Realität stellen, dass nicht alles so wie erwartet laufen wird. Dieser Ansatz bedeutet, wir müssen verstehen lernen, dass unsere Existenz von Natur aus begrenzt ist. Das bedeutet jedoch nicht, dass wir uns nicht darum kümmern sollten, wie die Dinge laufen. Wenn es nicht nach Wunsch läuft, dann beziehen Sie diese Ergebnisse mit ein und lernen Sie daraus für das nächste Mal.

Akzeptieren Sie die Ergebnisse von ganzem Herzen, auch wenn sie von Ihren Erwartungen abweichen. Was auch immer passiert, sagen Sie sich: »Das Leben ist gut. Alles ist vollkommen.«

Dieser Ansatz erweitert unsere Existenz auf die kosmische Ebene. Sie sagen sich: »Wenn das passiert, so ist es das, was ich wollte.« Auf jeden Fall sollte sich die Tür zu einer Lösung öffnen, wenn Sie die Beziehung zwischen sich und den Ereignissen des Lebens genau betrachten.

Sosehr wir uns auch bemühen, wir können nicht garantieren, dass die Dinge sich so entwickeln, wie wir es wollen – und das tun sie in der Regel auch nicht. Lassen Sie Ihr Glück nicht von Ereignissen abhängen, die Sie nicht kontrollieren können. Stattdessen sollten Sie akzeptieren, was auch immer geschieht, daraus lernen und mit Hoffnung, aber nicht mit Erwartungen weitermachen.

5

»TU NICHTS BÖSES, TU GUTES«

Was würden Sie sagen, wenn Sie die Lehren des Buddhismus in einem Satz zusammenfassen sollten? Da gibt es einen Spruch, mit dem ich diese Frage beantworten würde:

> *»Sabba-pāpassa akaranam,*
> *kusalassa upasampadā,*
> *sacitta pariyo dapanam,*
> *etam buddhāna sāsanam.«*[12]

Aus dem Pali übersetzt bedeutet das: »Böses meiden, Gutes tun, den eigenen Geist läutern – das ist die Lehre des Buddhismus.« Bekannt als die »Ermahnung der Sieben Buddhas«, stammen diese Verse aus

dem Dhammapada, einer frühen buddhistischen Schrift, und ihre Botschaft ist einfach und überzeugend für alle, die sie hören wollen. Vielleicht denken Sie, es sollte nicht so einfach sein, die Essenz des Buddhismus zusammenzufassen, aber lassen Sie mich eine berühmte Geschichte dazu erzählen.

Vor langer Zeit lebte in China ein Mann namens Bai Juyi (772–846). Er war berühmt als Dichter, bewies aber auch als Politiker außergewöhnliches Talent. Einst wurde Bai nach Hangzhou versetzt, um einen neuen Posten als Provinzgouverneur zu übernehmen. Er beschloss, dem Chan-Meister Daolin, einem hoch angesehenen Mönch in jener Gegend, einen Besuch abzustatten. Um Daolins Fähigkeiten zu testen, befragte Bai ihn über den Buddhismus:

»Was ist die Essenz des Buddhismus?«

Daolin antwortete darauf: »Böses meiden, Gutes tun, den eigenen Geist läutern – das ist die Lehre der Buddhas.«

»Das weiß doch schon ein dreijähriges Kind«, erwiderte Bai Juyi, etwas verärgert darüber, dass Daolin seine Frage nicht ernst zu nehmen schien.

»Das mag etwas sein, das sogar ein dreijähriges Kind weiß, aber es ist auch etwas, das selbst ein achtzigjähriger Mann nicht in die Praxis umsetzen kann«, erwiderte Daolin.

DIE EIGENE UNVOLLKOMMENHEIT AKZEPTIEREN

In der Tat ist es genau so, wie Daolin sagte. Obwohl ein jeder das weiß, ist es etwas ganz anderes, es in die Praxis umzusetzen. Es gibt viele Menschen, die Schlechtes meiden wollen, um Gutes zu tun und mit einem reinen Geist zu leben. Es geht nicht nur darum, dass wir

Die Erkenntnisse, die wir bei jedem Rückschlag gewinnen, werden uns neue Wege eröffnen.

das als moralische Prinzipien anerkennen, sondern auch darum, dass wir tief in unserem Herzen nach diesen Prinzipien zu leben suchen.

Fast niemand würde wohl tatsächlich denken: »Ich möchte jemand werden, der bei anderen unbeliebt ist, ein bösartiges Leben führt und keine Gelegenheit auslässt, Schaden anzurichten.« Vielleicht gibt es ein paar Menschen, die im Laufe ihres Lebens furchtbar verbittert werden, aber ich bezweifle, dass selbst sie sich wünschten, ihr eigenes Kind möge zu einem schlechten Menschen heranwachsen.

Ich glaube, das liegt daran, dass wir alle instinktiv wissen, dass wir nichts Schlechtes tun sollten und kein Glück finden werden, wenn wir Schlechtes tun. Tu nicht, was böse ist, sondern tu, was gut ist! Das scheint einfach zu sein, ist aber tatsächlich schwierig. Jedoch ist das etwas, das wir nicht aufgeben können. Auch wenn es schwerfällt, es jedes Mal richtig zu machen, sollten Sie sich trotzdem darum bemühen.

Welche Art von Dingen wird Ihnen bewusst, wenn Sie dies versuchen? Es scheint, als ob dies die Frage ist, mit der uns der Mahnvers der Sieben Buddhas konfrontiert.

MIT RÜCKSCHLÄGEN RECHNEN

Können Sie auch nur für eine kurze Weile durchhalten, ohne etwas Schlechtes zu tun? Selbst wenn wir uns vornehmen, das nicht zu tun, kann es vorkommen, dass wir auf ein Insekt treten oder etwas Verletzendes zu einer anderen Person sagen. Andererseits mögen Sie vielleicht denken, dass Sie etwas Gutes tun, wenn Sie einer älteren Frau im Zug Ihren Sitzplatz überlassen oder eine auf der Straße gefundene Brieftasche bei der Polizei abgeben; doch kann es sein, dass es sich dabei um nichts Besonderes handelt, wenn wir nach dem wahren Wert fragen.

Wenn wir uns bemühen, Gutes zu tun und Böses zu meiden, kann das dazu führen, dass wir eingebildet werden; dann stellen wir manchmal plötzlich fest, dass wir auf andere herabschauen, die dazu nicht in der Lage sind.

Jedes Mal, wenn wir diese edle Haltung einnehmen, um Schlechtes zu meiden und Gutes zu tun, erleben wir kleine Rückschläge. Die Erkenntnisse, die wir bei jedem Rückschlag gewinnen, eröffnen uns dann einen neuen Weg. Unabhängig davon, ob Sie emotional ruhig sind oder das Gefühl haben, sich selbst aus den Augen zu verlieren, hoffe ich, dass Sie sich auf jeden Fall an diese Verse erinnern und sie schätzen.

»Böses meiden, Gutes tun, den eigenen Geist läutern – das ist die Lehre der Buddhas.« Leicht zu erinnern, schwer umzusetzen, aber dennoch einen Versuch wert.

Wir alle wissen instinktiv, dass wir nichts Schlechtes tun sollten und kein Glück finden werden, wenn wir etwas Schlechtes tun.

Wie denken und handeln wir normalerweise? Ich glaube, die Berechnung von Gewinn und Verlust ist für viele der wichtigste Motivationsfaktor.

Es ist nicht nur beim Einkaufen so, dass wir Entscheidungen auf der Grundlage dessen treffen, was wir zu gewinnen oder zu verlieren haben. Und das würde auch gelten, wenn ein Kind darüber nachdenkt, ob es mehr Spaß macht, an den Ausflügen mit seiner Schwester teilzunehmen oder zu Hause mit den Brüdern zu spielen. Unser Interesse an Gewinn und Verlust zeigt sich bei jeder Entscheidung, die wir im täglichen Leben treffen, und wir alle können wahrscheinlich das eine oder andere Beispiel zitieren.

Wenn jemand behauptet, keine Entscheidungen zu treffen, die auf Gewinn oder Verlust basieren, dann würde ich das nicht so ernst nehmen. Es wäre großartig, wenn es stimmen würde, aber leider sind solche Personen in dieser Welt kaum zu finden. Das soll natürlich nicht heißen, dass das menschliche Verhalten allein durch dieses Kalkül bestimmt wird. Wir handeln auch aus persönlicher Neugier oder aus edlen Motiven wie Überzeugung, Gerechtigkeits- oder Verantwortungsgefühl. Wenn wir in die Geschichte zurückblicken, finden wir Menschen, die ihr Leben für ihre Religion oder ihr Land und nicht für persönlichen Gewinn eingesetzt haben.

Heutzutage ist es eher üblich, zuerst an unsere eigenen Interessen zu denken und entsprechend zu handeln. Darüber hinaus können selbst Dinge, die wir früher nicht mit einem Preis versehen konnten, heute mit Geld gekauft und für Geld verkauft werden. Indem wir allem einen monetären Wert beimessen, neigen wir noch mehr dazu, unsere Gewinne und Verluste zu kalkulieren.

Im Buddhismus geht man davon aus, dass man umso mehr begehrt, je mehr man bekommt. Ich denke, dass wir alle das instinktiv wissen. Wenn Sie 1000 Yen gewinnen, werden Sie 10 000 haben wollen. Wenn Sie 10 000 Yen gewinnen, wollen Sie 100 000 haben ... Die menschliche Gier ist im Prinzip ein sich wiederholender Kreislauf, der niemals aufhört, wenn Sie ihn nicht kontrollieren. Das Glück verblasst, wenn wir von dem kontrolliert werden, was wir zu gewinnen oder zu verlieren haben.

In der heutigen hektischen Welt basieren unsere Entscheidungen jedoch allzu oft auf kurzfristigen finanziellen Erwägungen, obwohl wir nicht wissen, welche Auswirkungen das langfristig haben wird. Unternehmen geben dem Gewinn den Vorrang vor Nachhaltigkeit, und Angestellte springen auf der Suche nach dem höchsten Gehalt von Job zu Job. Doch jetzt ist es zu spät, um vorzuschlagen, dass wir aufhören sollten, Gewinne und Verluste zu kalkulieren, da dies schon zur Regel geworden ist, nach der die moderne Gesellschaft funktioniert.

GROSSZÜGIG SEIN

Auch wenn wir unsere Welt nicht ändern können, warum sollten wir nicht gelegentlich versuchen, diesem Interesse an Gewinn und Verlust zu widerstehen, um zu vermeiden, davon kontrolliert zu werden? Indem wir uns von dieser Tendenz befreien, die unser Verhalten tagtäglich manipuliert, sind wir in der Lage, uns selbst objektiv zu sehen, und das sollte zu Geistesruhe führen. Warum tun Sie nicht das Gegenteil von dem, was Sie normalerweise tun, um zum Beispiel Ihrem eigenen Interesse an Gewinn und Verlust entge-

Anstatt Ihr Geld,
Ihre Zeit oder Ihren
Besitz für sich selbst zu
verwenden, bieten Sie
diese Dinge anderen
Menschen an.

genzuwirken? Anstatt Ihr Geld, Ihre Zeit oder Ihren Besitz für sich selbst zu verwenden, bieten Sie diese anderen Menschen an. Durch Loslassen sollten wir in der Lage sein, etwas über den Zustand unserer eigenen Anhaftungen zu erfahren.

Viele Religionen lehnen es ab, Entscheidungen auf der Grundlage von Gewinn und Verlust zu treffen, und integrieren den Akt des Loslassens von Besitz zum Wohl der Welt in ihre Praktiken. Im Buddhismus gibt es ein Konzept der Großzügigkeit, das in Japan als *fuse* (»Almosengeben«) bekannt ist. Im Islam kennt man die Zakāt, die verpflichtende Abgabe eines bestimmten Anteils seines Besitzes an Bedürftige, und auch im Christentum wird die Wohltätigkeit gepriesen. Selbst unter erfolgreichen Prominenten mit riesigen Vermögen nimmt die Zahl derer zu, die das Loslassen aktiv praktizieren. Viele Musiker und Schauspielerinnen engagieren sich mit Begeisterung für karitative Zwecke, und in der Geschäftswelt gibt es Superreiche,

Die moderne Gesellschaft konditioniert uns dazu, unsere Handlungen danach auszurichten, was wir zu gewinnen oder zu verlieren haben. Versuchen Sie, dieser Tendenz zu widerstehen. Seien Sie großzügig, und lassen Sie die Dinge los, die Sie schätzen.

die wohltätige Stiftungen gegründet und einen großen Teil ihres Vermögens gespendet haben.

Ebenso arbeiten manche Menschen hart, um in der ersten Lebenshälfte Geld zu verdienen, und tun dann ihr Bestes, um danach in der zweiten Hälfte großzügig zu geben. Das soll aber nicht bedeuten, dass es umso besser ist, je mehr man gibt. Wenn ich auf mir angemessene Art loslasse, dann ist das schon genug. Wenn Sie es wagen, Dinge loszulassen, die Sie allzu sehr schätzen und um die Sie sich allzu sehr sorgen, wird das oft zur Erkenntnis führen.

LÜGEN, DOPPELZÜNGIGKEIT, BESCHIMPFUNGEN UND LEERES GEREDE

Im Buddhismus zählt man zehn böse Taten, die wir Menschen vermeiden sollten. Obwohl sie als »böse Taten« bezeichnet werden, sind sie nicht böse in dem Sinn, dass sie als strafbare Handlungen gelten. Im Buddhismus bezieht sich die Bezeichnung »böse Taten« auf Handlungen, die zu zukünftigem Leiden führen. Auf der anderen Seite wird das Unterlassen solcher Handlungen als »gute Tat« angesehen, die kein Leid verursacht und stattdessen Freude bringt.

Ich möchte hier jedoch ergänzen, dass die Gefühle »Freude« und »Leid« im Buddhismus eine etwas andere Bedeutung haben als die uns vertraute.

Wenn wir sagen: »Gute Taten bringen Freude«, dann bezeichnet das Wort »Freude« nicht ein heiteres, unbeschwertes Gefühl wie die reine Glückseligkeit, die wir spüren, wenn wir in ein Thermalbad steigen, oder unseren Spaß bei einem Besuch von Disneyland. Wenn wir sagen: »Böse Taten bringen Leiden«, dann beschreiben wir mit »Leiden« nicht das bittere, schmerzhafte Gefühl, das wir bei einer schwierigen oder stressigen Arbeit oder bei bitteren Erinnerungen aus unserer Vergangenheit verspüren.

Einfach ausgedrückt, bezieht sich »Freude« im Buddhismus auf einen friedlichen und klaren Geist, der von strahlendem Licht umgeben ist; dagegen bezieht sich »Leiden« auf einen unruhigen und verwirrten Geist, der von finsterer Dunkelheit umhüllt ist.

An dieser Stelle ist zu erwähnen, dass vier dieser zehn bösen Taten solche des Mundes sind – das heißt, sie werden durch Worte begangen. Wie oft gesagt wird: »Aus dem Mund kommt Böses.« Schauen wir uns nun diese vier – Lügen, Doppelzüngigkeit, Beschimpfungen und leeres Gerede – einzeln an.

LÜGEN

Wenn wir eine Lüge erzählen, werden unser Herz und Verstand von dem Moment an unruhig, in dem wir die Unwahrheit aus unserem Mund entweichen lassen. Lügendetektoren zeichnen diese unkontrollierbaren Veränderungen in unserer Herzfrequenz und Gehirnaktivität auf und machen unser Leiden (im buddhistischen Sinn) für alle sichtbar. Es wird manchmal gesagt, dass Lügen unter den richtigen Umständen gerechtfertigt sein kann. Wir sollten uns jedoch bemühen, so wenig wie möglich zu lügen, und wenn Ihnen doch eine Lüge entschlüpft, entschuldigen Sie sich so schnell wie möglich und versuchen Sie, Ihren Fehler wiedergutzumachen.

DOPPELZÜNGIGKEIT

Das bedeutet, etwas zu sagen, dem wir später widersprechen. Es wird manchmal auch als Sprechen mit gespaltener Zunge bezeichnet. Doppelzüngigkeit ist ähnlich wie Lügen; das Problem dabei ist nicht so sehr, dass wir etwas Unwahres sagen, sondern eher, dass wir zu verschiedenen Personen verschiedene Dinge sagen.

Wir sollten stets unsere Versprechen halten und konsequent sein in dem, was wir sagen. Wenn wir doppelzüngig sind, verlieren wir das Vertrauen der uns nahestehenden Menschen und isolieren uns schließlich selbst. Man könnte es sogar als Doppelzüngigkeit bezeichnen, wenn Vorgesetzte ihre Aussagen am Arbeitsplatz je nach Tageszeit ändern und dadurch diejenigen, die ihren Anweisungen folgen, in Unruhe versetzen, weil diese dann nicht mehr wissen, was sie zu tun haben.

BESCHIMPFUNGEN

Dies bezieht sich darauf, schlecht über andere zu sprechen. Unabhängig davon, ob wir die Wahrheit sagen oder wie konsequent wir sind, sollten wir keine Worte verwenden, die andere Leute herabsetzen, wie zum Beispiel jemanden als dumm zu bezeichnen. Es ist ein scheußliches Gefühl, zu erfahren, dass jemand hinter Ihrem Rücken gemeine Dinge über Sie gesagt hat. Dies beunruhigt nicht nur den Geist des Beleidigten, sondern auch die Person, die es gesagt hat, und diejenigen, die es gehört haben. Einige Leute mögen sich besser fühlen, wenn sie jemanden beleidigen, aber denken Sie bitte einen Moment darüber nach.

Es ist wahr, dass wir eine leichte Euphorie verspüren, wenn wir schlecht über jemand anderen sprechen. Doch auf andere herabzusehen und schlecht über sie zu reden, um sich selbst zu erhöhen, ist eine ziemlich geschmacklose Praxis, und es besteht kein Zweifel, dass es sich dabei um eine »üble Tat« handelt, die im Geist aller Beteiligten Lärm auslöst.

LEERES GEREDE

Dies bezieht sich auf den Gebrauch von schöngefärbter Sprache. Ein typisches Beispiel dafür ist Schmeichelei. Anstatt zu überlegen, was das Beste für die andere Person wäre, versuchen wir, sie hinters Licht zu führen, indem wir taktvoll eine blumige Sprache verwenden. Diese mag sich zwar gut anhören, aber sie spiegelt nicht wider, was wir tatsächlich denken, oder verdreht die Wahrheit.

Sie denken vielleicht, dass Schmeichelei eigentlich eine gute Tat ist, da sie dafür sorgt, dass sich andere gut fühlen und freuen können. Aber wir sollten das vermeiden, wenn wir nicht zum Wohl der anderen Person so sprechen, sondern lediglich, um selbst etwas davon zu haben.

In dem berühmten Märchen von Hans Christian Andersen »Des Kaisers neue Kleider« fällt der törichte Kaiser auf die listigen Schmeicheleien seines Schneiders herein und blamiert sich am Ende selbst. Das kann auch uns passieren, wenn wir uns auf müßiges Gerede einlassen.

AUF SEINE WORTE ACHTEN

Wir alle, mich eingeschlossen, machen uns von Zeit zu Zeit dieser vier bösen Taten des Mundes schuldig, aber wir können einen beträchtlichen Teil davon vermeiden, wenn wir uns dessen bewusst sind und regelmäßig auf unsere Worte achten. Versuchen Sie es bitte – es wird zweifelsohne etwas bewirken.

Die vier bösen
Taten des Mundes sind
Lügen, Doppelzüngigkeit,
Beschimpfungen und leeres
Gerede. In jedem Fall stören
sie die Geistesruhe der Person,
die eine solche schlechte Tat
begeht, und die der Menschen
auf der Empfängerseite.
Überlegen Sie, bevor
Sie sprechen.

BELEIDIGUNGEN

Beleidigungen verunsichern den Geist derer, an die sie sich richten, und derer, die sie aussprechen. Sie lassen uns keine Ruhe, aber dennoch haben sie einen gewissen Reiz, der uns dazu bringt, sie zu äußern, obwohl wir wissen, dass das ein Fehler ist. Beispielsweise hat wahrscheinlich jeder bei einem Treffen mit Freunden schon mindestens einmal die Erfahrung gemacht, dass einer schlecht über eine nicht anwesende Person redet, und dann stürzen sich alle anderen ebenfalls darauf.

Freundschaftliche Verbindungen können auf gemeinsamen Interessen und Eigenschaften basieren, aber auch auf gegenseitigen Feinden. Wenn sich Freunde zusammentun, um über ihre Feinde schlecht zu reden, stärkt das die Solidarität der Gruppe. Wenn die Gruppe alles Schlechte ausgeschöpft hat, das sie über einen gemeinsamen Feind sagen kann, wird manchmal eine neue Person, die bis zu diesem Zeitpunkt Gruppenmitglied war, zum Feind und zur nächsten Zielscheibe von Beschimpfungen.

DIE KETTE DER BELEIDIGUNGEN UNTERBRECHEN

Beleidigungen, die von einer Person auf eine andere abgefeuert werden, wecken eine Art von Neugierde und verursachen eine negative Kettenreaktion. Sie sind ein Problem für die Person, die sie ausspricht, aber auch für die Personen in der Nähe, die sich daran beteiligen. Wenn Sie von einer solchen Welle erreicht werden, sollten Sie mit allen Mitteln verhindern, dass sich diese noch weiter ausbreitet.

Obwohl die sozialen Medien eine große Kraft für das Gute sein können, sind sie leider auch ein hervorragendes Vehikel für Gruppen, die ihre Feinde schlechtreden wollen. Grundlose Verleumdungen können online gepostet im Handumdrehen Hunderte, Tausende oder sogar Millionen von Menschen erreichen. Je mehr Menschen sie lesen, desto stärker werden die Verleumdungen und desto mehr Möglichkeiten haben sie, noch größer zu werden. Wenn die Person, die schlecht über andere spricht, anonym bleibt, wächst die Intensität.

Wenn wir Online-Posts lesen, sehen wir Menschen, die wütend Beleidigungen gegen andere ausstoßen, obwohl sie nicht die ganze Geschichte kennen. Sie sind blind für ihre eigenen Fehler, und wir fragen uns, wer um alles in der Welt diese Menschen sind, aber wenn wir plötzlich zu einer realistischen Einsicht kommen, erkennen wir, dass auch wir blind für unsere eigenen Fehler sind. In jedem Fall setzt sich die Böswilligkeit durch.

Es kann auch vorkommen, dass wir selbst zum Ziel eines Angriffs werden. Wenn ich höre, dass jemand schlecht über mich spricht, macht mich das wütend und verletzt meine Gefühle. Aus pervertierter Neugierde will ich dann genau wissen, welche Worte gegen mich verwendet wurden. Sobald ich das herausfinde, hege ich einen Groll gegen diese Person, und so setze ich einen negativen Kreislauf in Gang.

Wenn jemand mir gegenüber böswillig gesinnt ist und entweder direkt oder indirekt schlecht über mich redet, sollte ich das nicht zu ernst nehmen. Wenn wir nämlich so etwas ernst nehmen, protestieren oder uns revanchieren wollen, führt das lediglich in einen Teufelskreis. Schenken Sie dem so wenig Aufmerksamkeit wie möglich, und versuchen Sie, so weiterzumachen, als wäre nichts geschehen. Es ist auch nicht notwendig, genau zu erfahren, was da über einen gesagt wurde. Allerdings sollte man die Beleidigung auch nicht komplett ignorieren.

Wenn Sie sich in einer Gruppe von Freunden und Bekannten wiederfinden, die andere Menschen beleidigen, sollten Sie die Böswilligkeit stoppen oder die Gruppe stillschweigend verlassen. Wenn Sie selbst zum Ziel von Boshaftigkeit werden, lassen Sie das zum einen Ohr rein und zum anderen wieder raus. Vermeiden Sie die vier bösen Taten des Mundes, dann ist es weniger wahrscheinlich, dass man Sie schlecht behandelt.

Bewusstes Ignorieren ist eine andere Form von Protest, die nach hinten losgehen und den Groll verstärken könnte. Am besten ist es, eine Richtung einzuschlagen, bei der die Leute davon abgehalten werden, weiterhin schlecht über Sie zu reden; damit können Sie der zunehmenden Bosheit Einhalt gebieten.

Mit dieser Methode, die bösen Worte zum einen Ohr rein- und zum anderen wieder rausgehen zu lassen, lässt sich der böse Wille stoppen. Noch besser ist es, den grundlegenden buddhistischen Regeln zu folgen, nicht zu lügen, nicht ständig Dinge zu sagen, um anderen zu gefallen, nicht schlecht über andere zu sprechen und keine falschen Schmeicheleien von sich zu geben. Wer diese Lehren beherrscht, wird, wenn überhaupt, mit geringerer Wahrscheinlichkeit zum Ziel von Verleumdung.

Wenn Sie in einer Gruppe sind, in der schlecht über andere gesprochen wird, befürchten Sie vielleicht, zur nächsten Zielscheibe zu werden, wenn Sie aus der Gruppe ausbrechen. Finden Sie trotzdem den Mut, die Gruppe zu verlassen. Wenn Sie es auf die richtige Art und Weise tun, ohne Groll oder Konfrontation, wird niemand mehr viel Schlechtes über Sie sagen können.

KLAGEN

Wenn uns etwas missfällt oder wir etwas unangenehm finden, dann beklagen wir uns. Obwohl Klagen die Situation nicht verbessert, machen wir trotzdem damit weiter. Ein Zuhörer kann vielleicht einen Ratschlag geben, aber er wird das Problem nicht lösen können – und bleibt vielleicht nicht lange dabei, denn der Umgang mit jammernden Menschen ist deprimierend.

Wir haben die als die »drei Gifte« bezeichneten destruktiven Emotionen bereits in Kapitel 1 kennengelernt. Eines davon, *moha* im Sanskrit (愚痴 = *guchi* im Japanischen) war ursprünglich ein buddhistischer Begriff, der sich auf die Unfähigkeit bezog, die Dinge richtig verstehen oder beurteilen zu können. Im modernen Japanisch wird dieses Wort zum Beispiel auch in Ausdrücken wie 愚痴を言う (*guchi wo iu* = »sich beklagen, jammern«) verwendet. Es ist sinnvoll, dass Jammern mit *moha* in Verbindung gebracht wird, da die Verschwendung von Zeit und Energie, um unser Unglück zu beklagen, unsere Unfähigkeit demonstriert, die aktuelle Situation zu verstehen.

In jedem Fall lehrt der Buddhismus, *moha* zu vermeiden. Allerdings verschwindet eine solche Dummheit nicht ohne Weiteres aus der Welt. Obwohl wir wissen, dass Jammern eine negative Handlung ist, die wir tunlichst vermeiden sollten, denken viele Leute, gelegentliches Jammern, vielleicht bei einem Drink, wäre ein nützliches Mittel, um Dampf abzulassen. In Wirklichkeit hat Jammern jedoch den gegenteiligen Effekt.

Die »drei Gifte« sind äußerst mächtig und hartnäckig, genau wie Unkraut, das immer wieder nachwächst, sooft wir es auch jäten. Selbst wenn es schwierig sein mag, Gier, Zorn und Unwissenheit zu beseitigen, sollten wir versuchen, sie zu unterdrücken. Mit Jammern und Klagen verhält man sich jedoch so, als würde man diesem Unkraut Wasser und Dünger geben. Weit davon entfernt, es zu schwächen, wird es so noch schneller wachsen. Dann fliegen die Samen dieses Unkrauts über den Zaun in die Gärten derer, die sich das Gejammer anhören müssen.

Menschen, die sich beklagen, halten das vielleicht für »ein notwendiges Übel«, aber in Wirklichkeit ist es nur ein Übel.

Menschen, die sich beklagen, betrachten das vielleicht als notwendiges Übel, aber in Wirklichkeit ist es lediglich ein Übel, zu dessen Merkmalen es gehört, eskalieren zu können. Nehmen Sie Gewalt als Beispiel. Ein kleines Handgemenge kann schnell aus dem Ruder laufen. Es wäre klug, es im Keim zu ersticken, solange es noch begrenzt ist.

Wenn es Ihnen schwerfällt, Jammern als Übel zu betrachten, sehen Sie es stattdessen als Verlust an. Ich betrachte die Dinge allein in Bezug auf Gewinn und Verlust und nicht in Bezug auf gut und schlecht. Ich denke immer: »Ich will nicht verlieren, ich will gewinnen.« Indem ich also zu meidende Handlungen als Verlust bezeichne, kann ich meine Impulse besser unterdrücken als je zuvor. Mir ist

klar, dass diese Unfähigkeit, Dinge richtig zu beurteilen, mich zur Verkörperung von Dummheit macht, aber für mich funktioniert das! Jammern ist vor allem eine Zeitverschwendung.

Wenn Sie einen freien Moment zum Jammern haben, könnten Sie diese Zeit nutzen, etwas Sinnvolleres zu tun. Dinge auf negative Weise zu interpretieren wird Ihre Probleme nicht lösen.

Menschen, die zum Jammern neigen, sind bei ihren Mitmenschen unbeliebt. Wenn Sie sich bei der Arbeit immer beklagen, werden Sie das Vertrauen Ihrer Kollegen verlieren und wichtige Chancen verpassen. Wenn bei der Arbeit eine wichtige Aufgabe zu erledigen ist, wird man sich nicht für Sie entscheiden, falls man denkt, dass Sie sich insgeheim darüber beschweren werden. Man wird sich für

Klagen tut uns überhaupt nicht gut. Wir denken vielleicht, es würde uns helfen, Dampf abzulassen, aber in Wirklichkeit fühlen wir uns dadurch schlechter. Es verschwendet unsere Zeit, entfremdet uns von unseren Freunden und raubt uns Energie am Arbeitsplatz. Suchen Sie nach etwas, für das Sie dankbar sein können, und nicht nach etwas, über das Sie sich beklagen können.

jemanden mit ähnlicher Qualifikation entscheiden, der diese Arbeit mit einem Lächeln annimmt.

Wenn Sie sich also beklagen, verlieren Sie Zeit, Freunde, Glaubwürdigkeit und Chancen. Negative Gedanken zu haben und sich selbst zu bemitleiden, das ist der Beginn eines Teufelskreises. In solchen Zeiten sollten wir versuchen, derartige Gefühle zu ändern und den Kreis des Lächelns zu erweitern.

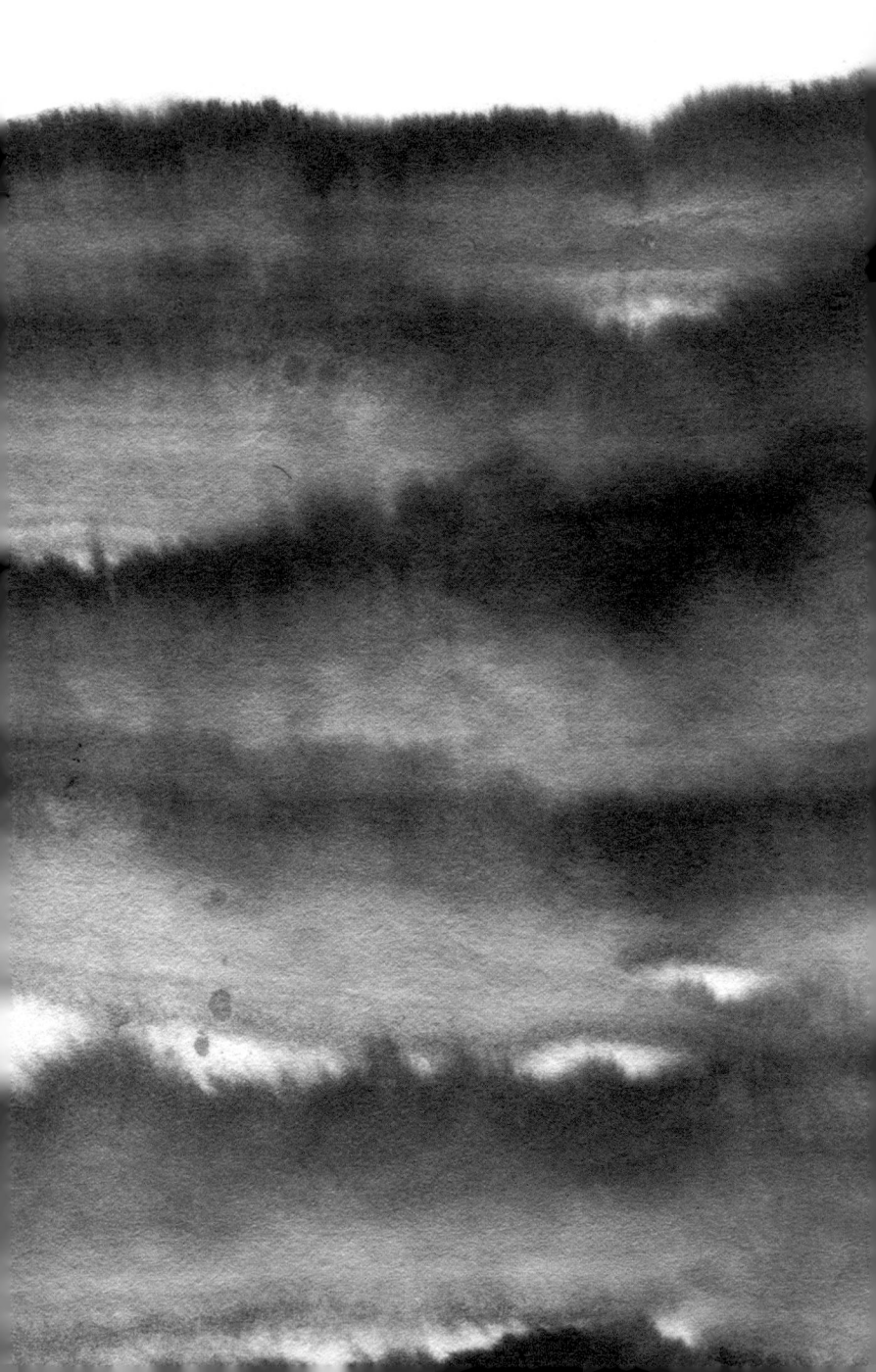

6

DEN
EIGENEN
WEG
GEHEN

NACH DEN
EIGENEN REGELN LEBEN

Ich liebe den Buddhismus für seine Freiheit. Ich finde es gut, dass er den Menschen seine Ideen nicht aufzwingt. Es geht nicht darum, einfach an den »richtigen Weg« zu glauben, der uns von einem großen Menschen gewiesen wird. Vielmehr ist der Buddhismus eine Lehre, nach der wir allein gehen und den Prozess von Versuch und Irrtum durchlaufen. Erst später erkennen wir, welches der richtige Weg war. Im Grunde genommen zwingt der Buddhismus die Menschen also nicht, an etwas zu glauben und zu sagen: »Wenn du nicht daran glaubst, wirst du in Schwierigkeiten geraten.«

Wollte ich Menschen, die kein Interesse haben, an der Hand ziehen und sie zum Gehen zwingen, würden sie den Weg gar nicht gehen. So einfach das auch klingen mag, uns bleibt nichts anderes übrig, als zu warten, bis jemand seine eigene Entscheidung trifft und sagt: »Ich möchte den Weg gehen.«

Es ist wichtig, in allen Lebensbereichen Entscheidungen für sich selbst zu treffen, nicht nur im Buddhismus. Wir wissen aus eigener Erfahrung, dass die Dinge im Allgemeinen viel besser laufen, wenn wir etwas tun, weil wir uns dafür entschieden haben, und nicht, weil wir dazu gezwungen worden sind.

Zum Beispiel wird ein Kind, dem gesagt wird, es solle für einen Test lernen, dies nur widerwillig und halbherzig tun, während eines, das sich selbst entscheidet zu lernen, sich konzentrieren wird. Dies führt zu völlig unterschiedlichen Ergebnissen. Selbst wenn diese beiden Kinder irgendwie die gleichen Testergebnisse erreichen, werden sie von diesem Punkt an völlig unterschiedliche Wege gehen müssen. Das erste Kind mag den Test zwar geschafft haben, weil es so gelernt hat, wie ihm gesagt wurde, aber wenn es nichts anderes tut, als die Anweisungen anderer Leute zu befolgen, dann kann es später als Erwachsener in der Gesellschaft zu der Art von Person werden, die nicht in der Lage ist, aus eigener Initiative zu handeln.

Auf der anderen Seite wird derjenige, der es von Kindheit an gewohnt ist, seine eigenen Entscheidungen zu treffen, wahrscheinlich in der Lage sein, auch als Erwachsener mit allen möglichen Situationen umzugehen. Er wird in der Lage sein, seinen eigenen Weg zu gehen, ohne sich von anderen in die Irre führen zu lassen, und er wird die Herausforderungen meistern, mit denen er konfrontiert wird. Wichtig ist, den Meinungen und Regeln anderer Menschen nicht gedankenlos zu folgen, sondern diese auch persönlich zu akzeptieren und dementsprechend zu handeln.

GEBOTE ZUR SELBSTKONTROLLE

Obwohl der Buddhismus den Menschen seine Regeln nicht aufzwingt, hat er dennoch Gebote. Die fünf grundlegenden sind:

- keine Lebewesen zu töten
- andere nicht zu bestehlen
- nicht zu lügen
- keine unmoralischen Beziehungen einzugehen
- keinen Alkohol zu trinken

Alle Buddhisten sollten diese Gebote gewissenhaft befolgen, aber der Buddhismus schreibt keine Strafe für die Übertretung vor. Das Wichtigste ist, als Buddhist danach zu streben, seine eigenen Entscheidungen zu treffen und sich daran zu halten. Natürlich ist es nicht schlecht, diese Gebote einfach zu befolgen, weil es Regeln sind. Aber wenn wir tatsächlich sagen sollten, zu wessen Nutzen diese Gebote sind, können wir nur den Schluss ziehen: eigentlich für niemanden außer für uns selbst. Das ist etwas, das wir verstehen lernen, wenn wir sie Tag für Tag immer wieder befolgen und verletzen.

Ich glaube zum Beispiel, dass wir alle von Zeit zu Zeit etwas Falsches getan haben und nicht in der Lage waren, uns aufrichtig zu entschuldigen. Stattdessen haben wir versucht, unsere Handlungen zu verharmlosen und die Wahrheit unserer Handlungen zu beschönigen. Was für Gefühle haben Sie in solchen Momenten? Ich glaube, wir bedauern, was wir getan haben, und leiden darunter, wenn der Lärm in unseren Köpfen zunimmt. Selbst wenn Sie in der Lage sind, den Lärm auszuhalten, bleibt Ihr Verstand noch lange Zeit danach getrübt. Wenn Sie meinen, Sie hätten es vergessen, kann irgendetwas später eine Erinnerung auslösen und jene unangenehmen Gefühle zurückbringen. Natürlich wird diese Erfahrung auch bei der Person, der wir Unrecht getan haben, unangenehme Gefühle auslösen. Wenn der Geist einmal aufgewühlt ist, lässt er sich nicht so leicht beruhigen.

DIE ABSICHT HINTER DER REGEL VERSTEHEN

Der entscheidende Punkt ist, dass wir Verantwortung dafür übernehmen müssen, ob wir uns an diese Gebote halten oder nicht. Unabhängig davon, um welche Art von Regeln es sich handelt, sollte man diese nicht einfach befolgen, weil es nun mal Regeln sind, und sie nicht einfach ignorieren, weil man keine Lust hat, sie zu befolgen. Denken Sie über die Intention hinter den Regeln nach, und wenn Sie damit einverstanden sind, versuchen Sie, diese um ihrer selbst willen einzuhalten. Auf diese Weise werden Sie in der Lage sein, diese Regeln zu befolgen und gleichzeitig in einem positiven Licht zu sehen.

Wenn Sie andererseits mit der Intention hinter einer bestimmten Regel nicht einverstanden sind, können Sie sich dafür entscheiden, diese nicht zu befolgen; allerdings müssen Sie dann auch bereit sein, jede Strafe zu akzeptieren, die sich aus der Nichtbefolgung dieser Regel ergibt. Es geht nicht darum, einfach zu tun, was man Ihnen sagt. Wir sollten sorgfältig darüber nachdenken, was es eigentlich bedeutet, Gebote und Regeln zu befolgen, und wenn wir uns das zu eigen machen, kann es uns gelingen, ruhiger und beständiger durchs Leben zu gehen.

> Wir sind für den eingeschlagenen Weg selbst verantwortlich. Es gibt Regeln, die uns leiten können, aber wir müssen selbst entscheiden, welche wir befolgen wollen. Bedenken Sie die Intention hinter den Regeln und die Konsequenzen für einen selbst und andere, wenn wir sie nicht befolgen.

EINEN SCHRITT ZURÜCKTRETEN

Wir leben in einer Welt, die mit materiellen Annehmlichkeiten reich gesegnet ist, doch das Leben ist nicht für jeden angenehm. Dank dem medizinischen Fortschritt ist unsere physische Gesundheit so gut geschützt wie nie zuvor, aber viele Menschen sind psychisch belastet. Die Zahl derjenigen, die an psychischen Krankheiten wie beispielsweise Depression leiden, und die Zahl derer, die sich das Leben nehmen, nimmt von Jahr zu Jahr weiter zu.

Zweifellos haben wir einen Punkt erreicht, an dem viele Menschen ihre Lebensweise radikal überdenken sollten. Wir müssen ernsthaft hinterfragen, ob unsere derzeitigen Vorstellungen von Wohlstand und Glück richtig sind. Allein die Erkenntnis, dass unser bisheriger Weg in eine Sackgasse geführt hat, ist an sich schon ein großer Schritt nach vorn. Denn das gibt uns die Möglichkeit, den Kurs zu ändern, während andere unbemerkt weiter in die falsche Richtung laufen.

Dies war etwas, das ich selbst geschafft habe. Mein Geist war früher fast vollständig von sogenannten weltlichen Werten besetzt; das heißt, mein Glück war mit materiellem und wirtschaftlichem Wohlstand verknüpft. Obwohl ich so tat, als wüsste ich, dass solche Dinge nicht wichtig sind, war diese tief verwurzelte Einstellung nicht so leicht zu ändern. Seit mein Leben jedoch mit dem Buddhismus in Berührung kam, hat sich meine Denkweise nach und nach geändert. Materielle Dinge sind mir nicht mehr so wichtig, und stattdessen habe ich begonnen, immer mehr Wert auf die Kultivierung und Bereicherung meines Geistes zu legen.

Den Geist zu kultivieren bedeutet, einen festen, strengen Blick auf sich selbst zu werfen.

SICH DEM HUNGRIGEN GEIST STELLEN

Den Geist zu kultivieren bedeutet, einen festen, strengen Blick auf sich selbst zu werfen. In dieser Hinsicht funktioniert der Buddhismus wie ein Spiegel; er lenkt unsere Aufmerksamkeit auf alle Aspekte unseres Selbst, sowohl auf die attraktiven als auch auf die unattraktiven. Durch diesen Prozess hat es in meiner Einstellung einige kleine Veränderungen gegeben. Da der weltliche Besitz, der einst auf meinem Geist lastete, abgenommen hat, habe ich auch das Gefühl, dass der Stress, der durch meine Umgebung verursacht wird, etwas nachgelassen hat. Das bedeutet nicht, dass ich der Welt gegenüber gleichgültig geworden bin – vielmehr bin ich nun in der Lage, einen Schritt zurückzutreten und die Dinge aus der Perspektive anderer Menschen zu betrachten.

Meine grundlegende Natur hat sich nicht sehr verändert. Wie der buddhistische Mythos besagt – ein hungriger Geist, der in den Spiegel geschaut und seine gefräßige Gier erkannt hat, wird sich etwas anders verhalten als einer, der das noch nie getan hat, auch wenn die beiden sich ansonsten gleichen. Gier zieht Stress nach sich; wenn wir aber einen Schritt zurücktreten können, werden wir in der Lage sein, diesen Stress so weit zu reduzieren, dass er uns kaum noch beeinträchtigt.

DIE URSACHE VON ALLEM LIEGT IN MIR SELBST

Es gibt drei Strategien, mit Stress umzugehen:
- Distanzieren Sie sich von der Ursache.
- Stärken Sie Ihre Widerstandskräfte gegen Stress.
- Beseitigen Sie die Ursache.

Stellen Sie sich zum Beispiel vor, es gäbe jemanden an Ihrem Arbeitsplatz, der Ihnen Stress macht und den Sie einfach nicht ausstehen können.

Es gibt Möglichkeiten, sich von dieser Person zu distanzieren, um den Stress zu reduzieren; vielleicht sollten Sie Entspannungstechniken üben, um besser mit Stress umgehen zu können, oder Sie könnten den Stress in Ihrem eigenen Kopf überwinden, indem Sie der Frage auf den Grund gehen, warum Sie diese Person nicht mögen und warum sie Ihnen Stress bereitet. Der buddhistische Ansatz konzentriert sich vor allem auf die letzte Methode. Schauen Sie in Ihren eigenen Geist, um die eigentliche Ursache Ihrer Verwirrung zu finden und diese dann zu überwinden – das heißt, Ihre destruktiven Emotionen zu beseitigen.

Für diejenigen von uns, die ein normales Leben innerhalb der Gesellschaft führen, ist das furchtbar schwierig, aber selbst wenn es nicht vollständig funktioniert, ist es vielleicht einen Versuch wert. Weltliche Belastungen können mithilfe von ein wenig buddhistischer Inspiration reduziert werden. Treten Sie einen Schritt zurück von Ihrem eigenen Standpunkt, und versetzen Sie sich für einen Moment in die Lage der anderen Person. Wir werden immer noch nicht sagen können, dass wir sie mögen, aber das Gefühl der Abneigung ist dann nicht mehr so stark.

MITFÜHLEND SEIN

Die Kultivierung des Geistes wirkt sich nicht nur positiv auf uns selbst aus, sondern auch auf die Menschen in unserer Umgebung. Der Buddhismus lehrt uns Weisheit und Barmherzigkeit. Weisheit ist nicht nur Wissen, sondern die Fähigkeit, alle Dinge genau so wahrzunehmen, wie sie sind, und ein weiser Mensch wird natürlich auch ein mitfühlendes Herz haben.

Im Japanischen ist das Wort für »Mitgefühl« 慈悲 *(jihi)*, zusammengesetzt aus den beiden Schriftzeichen für 慈 *(ji* =»liebevoll behandeln«) und 悲 *(hi* =»bedauern«). Ein weiterer buddhistischer Ausdruck dafür ist 抜苦与楽 *(bakku-yoraku* = »Befreiung vom Leiden« – »Schenken von Freude«). Verängstigte Menschen zu bedauern, ihnen Sorgen und Ängste zu nehmen und sie liebevoll zu behandeln, das ist eine buddhistische Praxis. Dadurch können Sie auch den eigenen Stress abbauen. Wenn Sie in eine Sackgasse geraten, ist dies für Sie eine Chance, innezuhalten und Ihren Geist zu kultivieren. Warum suchen Sie nicht nach buddhistischen Wegen, um Ihren Stress zu reduzieren?

Überwinden Sie Ihren Stress, indem Sie einen Schritt zurücktreten und seine Ursache erkennen. Die Kultivierung des Geistes kann Ihnen helfen, den Stress zu durchschauen, der durch Streben nach materiellem Besitz verursacht wird, und die Sichtweise von Menschen zu respektieren, die Sie nicht mögen und die Ihnen Stress verursachen. Es wird Ihnen helfen, mitfühlender zu werden.

DER MITTLERE WEG

Die Gesellschaft, in der wir leben, gedeiht, indem sie Wünsche erzeugt. Seltsamerweise würde sie nicht länger funktionieren, wenn alle zufrieden wären.

Der Buddhismus lehrt uns, dass menschliche Begierden niemals befriedigt werden können; wenn sie erregt werden wachsen sie einfach weiter. Je mehr wir bekommen, desto mehr wollen wir haben. Anfangs sind unsere Wünsche wie eine winzige Flamme, doch wenn wir Brennstoff ins Feuer gießen, wird diese Flamme wachsen, sich ausbreiten und nie erlöschen.

Eine auf Wünschen basierende Gesellschaft ist, kurz gesagt, eine Gesellschaft, in der niemand wirklich glücklich sein kann, solange er dem System treu bleibt. Dies ist eine Gesellschaft, die uns dazu anregt, unsere Begierden auf die Spitze zu treiben, während wir heftig mit anderen konkurrieren und uns einreden, dass dies für unser Wachstum notwendig ist. Aber ist daran nicht etwas verkehrt?

Dagegen lehrt der Buddhismus den »Mittleren Weg«. Wir sollten weder in die Richtung sinnlosen Leidens gehen noch in Richtung Hedonismus rennen. Vielmehr sollten wir einen mittleren Weg einschlagen, der die Extreme meidet.

Im Alter von 29 Jahren verließ der Buddha Haus und Familie, um Asket zu werden. Nach sechs Jahren strenger Askese gab er die extreme Praxis auf und erreichte anschließend die Erleuchtung. Was er nicht erkennen konnte, während er einem extrem asketischen Weg folgte, wurde ihm offenbart, nachdem er auf einen gemäßigten Weg gewechselt hatte.

Als ich das erste Mal vom Mittleren Weg erfuhr, hat es bei mir nicht sofort klick gemacht. Ich hatte auf etwas Präziseres gehofft als lediglich: »Vermeide die Extreme und folge dem Mittleren Weg.« Nachdem ich jedoch ein wenig mehr über den Buddhismus erfahren hatte, erkannte ich allmählich die wahre Tiefe des Mittleren Weges.

VORANGEHEN UND AUF SEINE SCHRITTE ACHTEN

In unserer Gesellschaft gibt es einige Menschen, die den extremen Weg gehen, indem sie den Wunsch loslassen, den Wettbewerb zu gewinnen und sich über den Rest zu erheben. Der extreme Weg ist der einfachere aber nicht unbedingt glücklichere Weg, während die Lehre des Mittleren Weges zwar einfach klingt, aber in Wirklichkeit sehr schwierig ist. Es ist einfach, mit dem Finger auf dem Rand eines Kreises entlangzufahren, aber es ist überraschend komplex, genau auf seinen Mittelpunkt zu zeigen. Hinzu kommt, dass wir in einer Gesellschaft leben, die sich von einem Moment auf den nächsten verändert und damit zu einer Art Polyeder geworden ist. Das macht es noch schwieriger, durch ihre Mitte zu gehen, als den äußeren Rändern zu folgen.

Während wir auf dem Pfad geradeaus auf unser Ziel zugehen, müssen wir sowohl vorsichtig als auch scharfsinnig sein. Das kapitalistische Ideal, seine Wünsche im Wettbewerb mit anderen zu verfolgen, führt offensichtlich in eine Sackgasse. Daher glaube ich, dass der Mittlere Weg in Zukunft noch einflussreicher wird.

Es besteht kein Zweifel daran, dass wir Menschen es uns nicht leisten können, an die Grenzen zu gehen, da wir nicht einmal uns selbst besonders gut kennen. Wenn wir unser Leben mit zahllosen Besitztümern schmücken, werden wir von ständig wachsenden Wünschen kontrolliert. Unser kurzes Dasein könnte dann damit zu Ende gehen, dass wir lediglich die äußeren Ränder unseres Selbst berührt haben. In einer Zeit, in der viele die Extreme für aufregender halten, bin ich der Meinung, dass wahre Innovation aus dem Mittleren Weg entsteht. In gewissem Sinne befinden sich diejenigen, die dem extremen Weg folgen, in einem führerlosen Zug, der im Kreis herumfährt, während die Menschen auf dem Mittleren Weg geradewegs auf ihre Ziele zugehen. Was bevorzugen Sie?

Der Mittlere Weg ist ein Weg zwischen den Extremen der Entbehrung und der Genusssucht. Es ist nicht leicht, dem Mittleren Weg zu folgen, da wir immer wieder in das eine oder andere Extrem verfallen. Behalten Sie einen festen Stand und einen klaren Blick dafür, wohin Sie gehen.

Der Buddhismus lehrt
uns, dass das Leben
nicht so ist, wie wir
es erwarten.
Er ermutigt uns auch,
positiv zu leben und
zu gedeihen.

POSITIVES DENKEN

Viele Menschen behaupten, durch positives Denken die Absurditäten des Lebens zu überwinden und die gewünschten Ergebnisse zu erzielen. Natürlich bevorzuge auch ich es, positiv zu denken. Schließlich kommt nichts Gutes dabei heraus, wenn man negativ denkt. Aber verstehen Sie mich nicht falsch – positiv denken bedeutet nicht, dass alles so läuft, wie Sie es sich wünschen. Im Leben gibt es Zeiten, in denen es sinnlos ist, sich zu sagen: »Du kannst es schaffen, wenn du es versuchst!« Manchmal stehen uns Kräfte entgegen, die viel mächtiger als unsere individuellen Bemühungen sind. Wenn Sie sich dann zu sehr anstrengen, ist es durchaus möglich, dass Sie unbemerkt Ihre Grenzen überschreiten und sich plötzlich erdrückt fühlen.

Ich wurde einmal zu einer Radiosendung eingeladen und gefragt: »Was tun Sie, wenn Sie gegen eine Wand stoßen?« Darauf erklärte ich: »Es gibt Zeiten, in denen man nicht auf die andere Seite der Wand kommt, ganz gleich, wie sehr man sich anstrengt. Wenn man einfach nicht darüber hinwegkommt und schon fast davon erdrückt wird, gibt es auch die Möglichkeit, wegzulaufen.«

Der Buddhismus lehrt uns, dass das Leben nicht so verläuft, wie wir es erwarten. Er ermutigt uns auch dazu, positiv zu leben und zu gedeihen. In buddhistischer Denkweise betrachtet man die Dinge auf flexible und positive Weise, unabhängig von der Situation und unabhängig davon, ob die Dinge so laufen, wie wir es wollen, oder nicht.

Natürlich ist es nie verkehrt, sein Leben ernsthaft und rational zu führen. Seinem eigenen Weg zu folgen ist eine gängige Methode, um ein friedliches Leben frei von Verwirrung zu führen. Doch sosehr wir uns auch bemühen, unseren eigenen Weg beizubehalten, wir werden immer wieder mit unerwarteten, unvermeidlichen Rückschlägen konfrontiert – vielleicht verlieren wir unseren Job, weil die Firma, für die wir arbeiten, bankrottgeht oder umstrukturiert wird. In solchen Momenten ist es ganz natürlich zu denken: »Warum passiert mir das, obwohl ich doch so hart gearbeitet habe?«

Leider lassen sich unüberwindbare Mauern selbst mit harter Arbeit nicht übersteigen. Je ernsthafter eine Person ist, desto verzweifelter kann sie werden, wenn sie auf solche Absurditäten stößt. Wenn wir von derartigen Emotionen befallen werden, sollten wir versuchen, ruhig zu bleiben. Schritt für Schritt bauen wir alles auf, mühen uns mit großem Einsatz durchs Leben, und dann zu sehen, wie alles zusammenbricht, ist sehr schmerzhaft. Wenn viele Jahre der Bemühung den Bach runtergehen, ist es verständlich, dass wir in Verzweiflung geraten.

Doch in solchen Zeiten sollten wir den nächsten Schritt mit dem buddhistischen Weg des positiven Denkens angehen. Was auch immer Sie bisher geschaffen haben, es wird niemals vergeblich sein, ganz gleich, was passiert.

Wer in der Lage war, sein Bestes zu geben und seinen eigenen Weg beizubehalten, ohne auf den einfachen Weg abzudriften, wird auch weiterhin sein Bestes geben können, selbst wenn sich der Schwerpunkt seiner Bemühungen verlagert. Für eine solche Person dürfte es nicht schwierig sein, eine neue Arbeit zu finden, und sie wird auch Unterstützung von Menschen in ihrem Umfeld bekommen.

Denken Sie jedoch daran, dass Einstellungen wie »Ich bin immer noch besser als sie« oder »Es gibt immer noch eine Menge Leute, die unter mir stehen« aus buddhistischer Sicht keinen Platz im positiven Denken haben. Sich mit anderen zu vergleichen, führt nicht in eine glückliche Zukunft. Wenn Sie einen Fehler machen, ist es verständlich, dass Sie sich frustriert fühlen und sich sagen: »Wenn ich jetzt stolpere, bleibe ich zurück.« Doch wenn Sie sich mit anderen vergleichen, werden Sie für den Rest Ihres Lebens nie frei von Frustration sein.

Ihre eigenen Schwierigkeiten sind das, was wichtig ist, nicht die von anderen Menschen. »Wenn du dich änderst, ändert sich die Welt.« Dies ist der buddhistische Weg zu positivem Denken.

Positives Denken wird nicht dazu führen, dass sich alles so entwickelt, wie Sie es sich wünschen. Sich anzustrengen ist nicht immer genug. Die buddhistische Version des positiven Denkens beinhaltet, in widrigen Umständen ruhig zu bleiben, sich wieder aufzurappeln und weiterzumachen. Sie können die Richtung ändern, während Sie sich an den Mittleren Weg halten.

Die japanische Gesellschaft, die einst von einer einheitlichen Mittelschicht dominiert zu sein schien, ist in den letzten Jahren ungleicher geworden. Was sich aber nicht geändert hat, ist das Gefühl der Sicherheit, das man in Japan dadurch genießt, dass jeder das Gleiche tut wie alle anderen. Verlacht für ihre konformistische Mentalität tun es die Japaner typischerweise in jeder Situation einander gleich, lehnen alles andere ab und fürchten sich davor, das Boot zum Schwanken zu bringen.

Zu sagen, dass jeder von uns völlig anders handeln sollte als alle anderen, ist natürlich ein individualistisches Hirngespinst. Aber die Einstellung, es wäre immer das Beste, einfach zu tun, was die anderen tun, kann in eine Sackgasse führen. Wenn Sie Ihren Nachbarn folgen und zuletzt über sie stolpern, ist das Ihre Schuld, nicht die der Nachbarn.

Es geht nicht darum, ob wir unser Leben genau so leben wie andere oder nicht, und es spielt auch keine Rolle, ob wir uns manchmal genau so verhalten wie die Person neben uns. Die Frage ist vielmehr, ob wir für uns selbst denken oder nicht. Wichtig ist, dass wir uns weiterhin in Ruhe fragen, wie wir am besten mit einer bestimmten Situation umgehen und wie wir unser eigenes Leben von diesem Punkt an führen sollten.

Wenn wir uns fragen: »Mache ich das richtig?«, werden wir ängstlich und fangen an, uns Sorgen darüber zu machen, was andere Leute tun. Am Ende hören wir auf, selbstständig zu denken, und werden in den Strom hineingezogen, der um uns herum fließt. Die Schuld dafür schieben wir dann den anderen in die Schuhe. Doch selbst wenn Sie letztendlich beschließen, die gleichen Entscheidungen wie Ihr Nachbar zu treffen, sollten Sie sorgfältig nachdenken und selbst zu diesem Entschluss kommen.

Warum sollten wir also selbstständig denken? Wenn wir nicht darüber nachdenken, was wir tun, und einfach mit dem Strom schwimmen, ohne wirklich zu wissen, warum, dann werden wir eine bestimmte Erfahrung auf völlig andere Weise verarbeiten, als wenn wir die Entscheidung selbst getroffen hätten, obwohl wir am Ende genau die gleiche Erfahrung machen.

Wenn Sie Erfahrungen mit Leib und Seele durchleben und richtig verdauen, werden Sie das nächste Mal in der gleichen Situation eine bessere Erfahrung machen und ein tieferes Verständnis gewinnen als zuvor.

Wenn wir zum Beispiel ein Buch gelesen haben und es dann nach vielen Jahren noch einmal in die Hand nehmen, stellen wir vielleicht fest, dass wir nun manche Abschnitte verstehen, die wir vorher nicht verstanden haben, oder dass unser Herz dieses Mal mit einem anderen Abschnitt mitschwingt.

Dies beweist, dass wir in der Zwischenzeit verschiedene Erfahrungen verarbeitet haben. Wenn wir jedoch in dieser Zeit stets mitgeschwommen sind und mitgemacht haben, dann hat sich unser Verständnis nicht weiterentwickelt. Es ist wichtig, dass wir unsere Erfahrungen verinnerlichen und Herz und Seele bereichern.

Es wird gesagt, dass Ananda, ein Schüler des Buddha, dem Buddha näherstand als jeder andere Jünger. Aber obwohl er mehr von ihm hörte als die anderen, konnte er die Erleuchtung zu Lebzeiten des Buddha nicht erlangen. Ein möglicher Grund dafür war, dass er dem Buddha zu nahe gekommen und in eine tiefe Abhängigkeit von ihm geraten war. Er hörte zwar viel von dem, was der Buddha zu sagen hatte, aber er war wohl nicht in der Lage, das Gehörte zu verinnerlichen und daraus zu lernen.

Das heißt natürlich nicht, dass wir nicht zuhören sollten, wenn andere Leute etwas zu sagen haben. Nein, wir sollten uns alle möglichen unterschiedlichen Meinungen anhören. Aber schlucken Sie die Ratschläge, die Sie erhalten, nicht bedingungslos, sondern behalten Sie sie im Hinterkopf, um sie als Grundlage für Ihre eigenen Gedanken zu nutzen. Wir sollten uns nicht auf andere verlassen. Ich hoffe, wir alle können es uns zur Gewohnheit machen, Informationen zusammenzutragen, die uns helfen, Antworten zu finden, die wir selbst akzeptieren können.

AUCH BEI FALSCHEN SCHLÜSSEN KEINE SORGEN MACHEN

Seien Sie vorsichtig, dass Sie nicht zu selbstsicher mit den Antworten umgehen, die Sie selbst gefunden haben. Das Wichtigste ist nicht, auf die richtige Lösung zu kommen, sondern selbstständig zu denken. Es ist auch nicht immer möglich, im Nachhinein zu beurteilen, ob die Entscheidung gut oder schlecht war. Wenn Sie jedoch Ihren eigenen Verstand benutzen, um gründlich nachzudenken und auf eine Antwort zu kommen, dann werden Sie unabhängig vom Ergebnis in der Lage sein, es zu akzeptieren und darüber nachzudenken, was Sie beim nächsten Mal tun sollten, um die eingeschlagene Richtung zu korrigieren.

Sie sind dann auch dazu fähig, die Grenzen Ihrer Gedanken zu erkennen. Wenn Sie allerdings nicht selbst auf die Antwort gekommen sind, werden Sie nicht in der Lage sein, die Ergebnisse zu akzeptieren und den nächsten Schritt zu tun. Das ständige Trainieren

Ihres Denkens und Urteilens ist nützlich, um den Verstand zu beruhigen, und wenn Sie sich Ihrer Grenzen bewusst werden, lernen Sie gleichzeitig Selbstvertrauen und Demut.

Wofür
auch immer
Sie sich entscheiden,
stellen Sie sicher, dass es
Ihre eigene Entscheidung ist.
Es macht nichts, wenn Sie eine
falsche Entscheidung treffen,
solange Sie daraus lernen und
für das nächste Mal gerüstet
sind. Sie werden nichts
lernen, wenn Sie der
Menge folgen.

AUF DAS SELBST
FOKUSSIEREN

Wir treffen im Laufe unseres Lebens alle möglichen Entscheidungen, und eine der wichtigsten ist die Wahl unseres Berufsweges. Ich glaube, es gibt nur sehr wenige Menschen, die ihre Berufswahl überhaupt nicht bereuen. Selbst ein Mönch, der in einen Tempel eingetreten und fest entschlossen ist, das Amt des Oberpriesters zu erreichen, macht sich manchmal Sorgen, ob er nicht rebellieren und aus dem Tempel fliehen könnte.

Wir leben in einer Zeit, in der die Individualität gefeiert wird; deshalb ist es nur natürlich, dass manche Menschen eine Karriere anstreben, die sich von der aller anderen unterscheidet, anstatt einen Beruf zu wählen, der ihnen erlaubt, sich selbst besser zu verstehen. Viele von uns machen diesen Fehler: Wir schenken dem Weg zu viel Aufmerksamkeit und vernachlässigen das Selbst. Wir sind zu sehr mit der Frage beschäftigt, welchen Weg wir gehen sollen, und vergessen uns selbst dabei völlig.

Für mich besteht das wahre Ziel, einem Weg zu folgen, nicht darin, diesen Weg zu vollenden, sondern vielmehr darin, unterwegs etwas über uns selbst zu lernen. Dieser Gedanke wird durch die Tatsache gestützt, dass das Schriftzeichen für »Weg« (道 = *dō*) in den Bezeichnungen für bedeutende Traditionen in der japanischen Kultur vorkommt, wie Teezeremonie (茶道 = *sadō),* Blumenstecken (華道 = *kadō),* Schwertkunst (剣道 = *kendō)* und sogar Buddhismus selbst (仏道 = *butsudō).* Diese »Wege« sind über Jahrhunderte hinweg durch die Bemühungen und den Enthusiasmus vieler Menschen entwickelt worden. Indem wir ihnen folgen, entdecken wir nicht nur ein reiches Erbe an Künsten und Kenntnissen, sondern auch eine universale Sichtweise auf das Leben. Jeder dieser Wege ist verschieden, aber welchen Sie auch immer wählen, er führt letztlich zur Selbstreflexion.

Ich betrachte den Buddhismus als einen Weg innerhalb eines Weges, da er uns ermutigt, uns wirklich mit uns selbst zu beschäftigen, und uns alle möglichen Arten von Führung auf unserem Lebensweg anbietet.

DAS ZIEL DES EINGESCHLAGENEN WEGES BEDENKEN

Bei der Wahl eines Weges sind stets verschiedene Faktoren zu berücksichtigen. Wenn Sie sich zum Beispiel für eine Arbeitsstelle entscheiden, müssen Sie Faktoren wie die Stabilität des Unternehmens, die Höhe des Gehalts, das Arbeitsumfeld und die Wachstumsrate der Branche berücksichtigen. Dann müssen Sie die Verantwortung für die Ergebnisse Ihrer Wahl übernehmen. Sollten Sie jedoch beim Beschreiten des von Ihnen gewählten Weges Fragen wie die nach dem Ziel dieses Weges oder der eigenen Rolle aus den Augen verlieren, dann beschreiten Sie ihn nicht wirklich. Dieser Punkt bezieht sich nicht nur auf die Wahl unserer Karriere.

Wenn Sie das Leben selbst als einen Weg betrachten und allein auf die Bedingungen dessen schauen, was vor Ihnen liegt, aber vergessen, warum Sie diesen Weg gehen oder was für ein Mensch Sie sind, dann könnte es sein, dass Sie nicht das Beste aus Ihrem Leben machen.

»Ist es dort drüben besser?« »Komme ich hier zu kurz?« Während wir uns ständig solche Fragen stellen, zieht das Leben schnell an uns vorbei, und dann sterben wir. Anstatt unseren eigenen Weg zu gehen, enden wir einfach als Egoisten. »Egoismus« bedeutet im Allgemeinen, seinen eigenen Weg haben zu wollen und selbstsüchtig zu handeln, aber die wahre Bedeutung ist eine völlig andere. Viele Menschen betrachten sich selbst nicht richtig, denn sie gehen einfach davon aus, dass sie sich selbst besser kennen als alle anderen. Die wahre Bedeutung von Egoismus ist also die vorsätzliche Manipulation des Körpers von jemandem, den wir als »Ich« bezeichnen, auch wenn wir dieses Ich gar nicht so gut kennen. Als Erstes sollten wir auf unser eigenes Selbst achten und nicht auf den Kurs, den wir einschlagen, denn wir können nicht alles so haben, wie wir wollen – nicht einmal in uns selbst.

Wenn
Sie dem Weg
Ihrer Karriere oder Ihres
Lebens als Ganzes folgen,
sollten Sie auf sich selbst
fokussiert bleiben. Es ist leicht,
aus den Augen zu verlieren, wer
wir sind, während wir unsere
Ziele verfolgen, aber unsere
Errungenschaften werden
hohl klingen, wenn wir
uns selbst nicht
verstehen.

Über Jahrhunderte hinweg gehörten die Religionen zu den Hauptursachen für Konflikte in der Welt. Im Gegensatz dazu gewinnt der Buddhismus an Beachtung als Religion, die grundsätzlich Konflikte vermeidet und auf Frieden abzielt. Tatsächlich strebt der Buddhismus eher nach Harmonie als nach Gegensätzen. Er erhebt nicht den absoluten Anspruch, die richtigen Lehren zu besitzen; stattdessen gefällt mir die Art und Weise, wie er sein Wesen entmystifiziert als »nichts anderes als das Befolgen der Gesetze der Natur und der natürlichen Ordnung der Dinge«.

Auch spielt Harmonie eine ganz wichtige Rolle, wenn wir unser Leben in ruhiger Geistesverfassung leben wollen. Vielleicht machen wir uns Gedanken über die Richtung unseres Lebens im Allgemeinen oder denken über jene alltäglichen Probleme nach, für die wir einfach keine Lösung finden. Zu überlegen, welche Option zu größtmöglicher Harmonie führen würde, ist eine Möglichkeit, eine Entscheidung zu treffen.

Sich selbst überlassen, neigt der Mensch dazu, nur an seinen eigenen Gewinn und Verlust zu denken. Auf Harmonie zu achten, wird jedoch mit Sicherheit zu positiven Ergebnissen führen und Mitgefühl nicht nur für uns selbst und unsere Umgebung, sondern auch für die ganze Welt wecken.

Nehmen Sie Autofahren als Beispiel. Ich kann nicht sagen, warum, aber am Steuer kommt oft die Persönlichkeit eines Menschen zum Vorschein. Wenn ich mich am Steuer gehen lasse, tritt die schlimmste Seite meiner Persönlichkeit an die Oberfläche, und mein Fahrstil wird grob und unvorsichtig. So zu fahren kann jedoch für die Menschen um mich herum lästig oder sogar gefährlich sein. Wenn ich merke, dass ich so fahre, versuche ich, mir der Harmonie bewusst zu werden. Ich versuche, meinen Fahrstil so zu ändern, als würde ich den Blick nicht nur vom Fahrersitz, sondern auch von einem über mir fliegenden imaginären Hubschrauber aus genießen. Auf diese Weise bin ich in der Lage, mich ruhig, rücksichtsvoll und sicher durch den Verkehrsfluss zu bewegen.

KONFLIKTE VERMEIDEN

Das Gegenteil von Harmonie ist Konflikt, und die Nummer eins der Konfliktursachen in dieser Welt ist Unehrlichkeit. Es ist ermüdend, sich die Lügen anderer Leute anzuhören, aber viele dürften aus Erfahrung wissen, wie sehr das Erzählen eigener Lügen unser Gemüt belasten und unsere Harmonie stören kann.

Stellen Sie sich vor, Sie rennen als Kind spielend durch das Haus und zerbrechen dabei eine teure Vase, die Ihren Eltern viel bedeutet. Was wäre, wenn Sie die Wahrheit verschweigen und stattdessen dem Hund der Familie, mit dem Sie gerade gespielt haben, die Schuld geben würden? Da Hunde nicht sprechen können, gäbe es keinen der zwischenmenschlichen Konflikte, zu denen es käme, wenn Sie Ihrem Bruder oder Ihrer Schwester die Schuld gäben. Aber was ist, wenn der unschuldige Hund wegen dieser Lüge gescholten und mit Futterentzug bestraft wird? Durch diese Lüge entgehen Sie zwar einer Strafe, werden aber von Schuldgefühlen gegenüber dem Hund gequält.

Obwohl es den Anschein hat, dass die Welt in Harmonie ist, wird so Ihre eigene Harmonie gestört.

Ganz gleich, wie geschickt Sie lügen und die Situation ausnutzen: Es ist nur natürlich, dass Sie sich ständig Sorgen machen müssten, dass Ihre Lüge aufgedeckt wird. Diese Art von innerer Unruhe ist eine große Last für unseren Geist. Selbst wenn wir meinen, wir hätten jene Lüge vergessen, können unsere Befürchtungen gelegentlich wieder in unseren Albträumen auftauchen. Solange Sie einen Grund für Angst in sich tragen, werden Sie nicht in der Lage sein, wahre Harmonie zu erreichen.

Bei der Frage, wie der Buddhismus den Frieden betrachtet, haben die Worte eines meiner Lehrer einen tiefen Eindruck auf mich gemacht: »Was, denkst du, ist wahrer Frieden? Ist das jetzt, wenn vor deinen Augen kein Krieg stattfindet? Oder dann, wenn es nirgend-

Wann immer Sie eine Entscheidung zu treffen haben, sollten Sie sich fragen, welche Option zur größten Harmonie führen wird, und diese dann wählen. Mit einer Lüge lassen sich zwar kurzfristig Konflikte vermeiden, aber längerfristig werden Sie Disharmonie in sich selbst verursachen. Schaffen Sie Harmonie für die Zukunft, nicht allein für die Gegenwart.

wo auf der Welt mehr Krieg gibt? Oder ist es sogar mehr als das? Der einzige Weg, auf dem wahrer Frieden erreicht werden kann, besteht darin, dass nicht nur derzeit nirgendwo auf der Welt ein Krieg stattfindet, sondern auch alle potenziellen Ursachen für zukünftige Kriege ausgerottet sind.«

Dies gilt auch für die Harmonie. Es ist nicht nur wichtig, dass hier und jetzt Harmonie herrscht, sondern wir sollten uns auch ständig bemühen, keine Ursachen für zukünftige Konflikte zu schaffen. Warum versuchen Sie nicht, sich in Ihrem täglichen Leben auf Harmonie zu konzentrieren? Das wird Ihnen sicherlich helfen, friedlich zu leben.

Manchmal spüre ich, dass unser Leben von Jahr zu Jahr kürzer wird. Natürlich sagen uns die Statistiken über die durchschnittliche Lebenserwartung das Gegenteil. Trotzdem scheint da etwas nicht zu stimmen. Ich denke, was wir so empfinden, als würde es kürzer werden, ist eigentlich die Zeit, die für sinnvolle Erfahrungen während unseres Lebens zur Verfügung steht.

Ob im Beruf oder Studium, der Wettbewerb wird immer härter. Wer nicht in der Lage ist, mit aller Kraft und ohne Blick zurück weiterzurennen, wird es nicht an die Spitze schaffen. Es ist ein einsamer und heftiger Kampf, bei dem nicht jeder gewinnen kann. Viele Menschen leben mit dem Gefühl, dass ihr Platz in der Gesellschaft be-

droht ist. Obwohl sie inmitten einer großen Zahl von anderen Menschen leben, bedrückt sie der Gedanke, isoliert zu sein und nicht dazuzugehören.

Dennoch laufen sie weiter in dem Glauben, dass dies ihre einzige Chance im Leben ist. Doch in Wahrheit führt dieser Weg nur zu Verwirrung, und diese kann verschiedene Formen annehmen. Zuerst ist da die Verwirrung, nicht zu wissen, wohin man gehen will. Ganz gleich, wie oft Sie auf eine Karte schauen, wenn Sie nicht wissen, wohin Sie gehen wollen, kommen Sie nicht voran. Wenn Sie

sich trotzdem zu Fuß auf den Weg machen, wird dieser Weg Sie nirgendwohin führen. Sie sollten erst einmal zur Ruhe kommen und Ihr Ziel bestimmen.

Eine weitere Form der Verwirrung entsteht dadurch, nicht zu wissen, wo man sich gerade befindet. Wenn Sie weitergehen, obwohl Sie nicht wissen, wo Sie sind, werden Sie sich nur noch mehr verirren. Zuerst müssen Sie anhalten, und dann können Sie versuchen, Ihren Standort auf einer Karte zu bestimmen.

Dann ist da noch die einfachste Form der Verwirrung, nicht zu merken, dass man sich überhaupt verlaufen hat. Alle anderen rennen, also laufen Sie mit ihnen in die gleiche Richtung. Aus Angst, zurückzubleiben, falls Sie anhalten, rennen Sie mit voller Kraft. Dabei kennen Sie weder das Ziel noch den aktuellen Standort. Sie haben jedoch keine Zeit, zurückzublicken, um zu sehen, wo Sie bereits waren – und so laufen Sie einfach weiter. Der Wettbewerb wird immer heftiger und damit auch die Verwirrung. Je geschäftiger wir sind, desto größer ist die Verwirrung. Deshalb ist es wichtig, nicht allein nach weltlichem Erfolg zu streben, sondern auch unseren Geist zu kultivieren. Dazu gehört es auch, unsere Verwirrung zu erkennen.

Wenn wir nur nach Erfolg streben, wird unser Geist immer egozentrischer, und das Gefühl der Isolation wird sich vertiefen. Wenn wir die Welt immer nur aus der Perspektive des Wettbewerbs betrachten, beginnen wir, die Menschen um uns herum als unsere Feinde anzusehen. Dies ist ein Zeichen dafür, dass wir zutiefst verwirrt sind.

In der buddhistischen Lehre gibt es das Konzept des »Bedingten Entstehens«, das es uns ermöglicht, diese wettbewerbsorientierte Sichtweise auf die Welt zu überwinden. Der Grundgedanke besagt, dass alle Dinge voneinander abhängig sind und es kein einziges Ding gibt, das unabhängig für sich allein sein kann.

Je geschäftiger wir sind,
desto tiefer die Verwirrung.

GÄBE ES KEINE ANDEREN,
WÄREN WIR NIEMAND

Wenn wir darüber nachdenken, wird uns klar, dass wir in einem Netz von Beziehungen leben. Beziehungen zwischen Männern und Frauen, Eltern und Kindern, Brüdern und Schwestern, Lehrern und Schülern, Freundinnen und Kolleginnen – unser Leben wird von zahllosen Beziehungen bestimmt. Um Eltern zu werden, brauchen Eltern Kinder; um Kinder zu werden, brauchen Kinder Eltern. Das ist richtig – denn wenn sonst niemand existierte, wäre ich niemand. Das ist auch von Bedeutung, wenn man darüber nachdenkt, wie man friedlich leben könnte.

Geistesruhe lässt sich nicht aus eigener Kraft erreichen. Solange wir in der Gesellschaft leben, müssen wir in der Lage sein, unseren Geist im Umgang mit den Menschen, mit denen wir auf die eine oder andere Weise zu tun haben, zur Ruhe zu bringen. Wir neigen automatisch eher dazu, uns als getrennt von allen anderen zu betrachten, doch in Wirklichkeit ist das nicht der Fall. Auf die eine oder andere Weise besteht eine Verbindung von uns mit allem und jedem, und ohne diese Verbindungen würden wir aufhören zu existieren.

Stellen Sie sich diese Verbindungen als Klänge vor. Um Geistesruhe zu erreichen, können wir nicht verlangen, dass die Welt völlig still ist. In der Welt wird es immer bestimmte Klänge geben. Wenn wir unser Leben im Geist des Wettbewerbs führen, werden diese Klänge für uns dissonant. Dann werden wir mit großem Aufwand versuchen, diese Klänge mit noch lauteren zu übertönen. Wenn wir uns jedoch auf das Konzept des Bedingten Entstehens einlassen, werden sich die einzigartigen Klänge unserer individuellen Verbindungen zu einer wunderbaren Harmonie verbinden.

In den Worten von Shinran[13]:

Wenn reine Winde in Juwelenbäumen wehen,
Erklingen die fünf Töne aus der Skala
In spontaner Harmonie –
So huldigt dem Amida,
Der von Reinheit tief durchdrungen.

Auch wenn Einzeltöne aus einer Tonskala dissonant klingen mögen, werden sie aus der Perspektive des Bedingten Entstehens als natürlich und harmonisch wahrgenommen.

Überwinden Sie die Ich-Bezogenheit, die Wurzel unserer Verwirrung, und erkennen Sie die Verbundenheit alles Seienden im Bedingten Entstehen. In dieser Verbundenheit werden Sie wahre Geistesruhe finden.

Es fühlt sich an, als ob das Leben sich immer schneller drehen und immer mehr von Konkurrenz bestimmt würde. Um unseren Geist inmitten solcher Verwirrung zu beruhigen, braucht es Entschleunigung und ein Gespür für die Verbindung, in der wir mit allen anderen Dingen stehen. Hört auf die Klänge, die sie zusammen in wunderbarer Harmonie erzeugen, und stimmt euch darauf ein.

ANMERKUNGEN

1 In der Jōdoshinshū und den anderen Schulen des Amida-Buddhismus gibt es keine »Mönche« oder »Klöster« im europäisch-christlichen Sinn. Im sogenannten Laienbuddhismus besteht »vor dem Buddha« auch kein grundsätzlicher Unterschied zwischen Priestern und Gläubigen. »Priester« ist hier einfach die Bezeichnung für einen Beruf, der die Absolvierung eines Studiums, eines Examens und eines Noviziats voraussetzt. Dagegen spielen Priester, Mönche und Klöster in den Schulen des esoterischen Buddhismus und Zen in Japan eine ähnliche Rolle wie in der katholischen oder orthodoxen Kirche.

2 Jōdoshinshū, die »Wahre Schule des Reinen Landes«, ist eine bedeutende buddhistische Lehre des Mittelalters und heute die zweitgrößte Konfession des japanischen Buddhismus. Sie gehört zum Amida-Buddhismus (Amidismus/Reines-Land-Buddhismus). Im Zentrum dieser Lehre und der Verehrung stehen der transzendente Buddha Amitābha (jap. Amida) und die Hoffnung auf Wiedergeburt in seinem Westlichen Paradies, dem »Reinen Land« (jō-do).

Der größte »Zweig« der Jōdoshinshū ist der Honganji-Zweig (jap. Honganji-ha), so benannt nach seinen beiden Haupttempeln Higashi-Honganji und Nishi-Honganji in Kyōto.

3 Shinran (1173–1263), der Begründer der Jōdoshinshū-Schule, einer der größten japanischen Heiligen und Erneuerer des Buddhismus.

4 Shikoku, die kleinste der vier Hauptinseln Japans, im Südwesten auf der Pazifikseite vor der Küste der Hauptinsel Honshū gelegen. Auf dieser Insel befindet sich der bedeutendste Pilgerweg Japans, der 88 Tempel auf einer Länge von ca. 1400 km verbindet. Er geht zurück auf den dort geborenen Mönch und Heiligen Kōbo Daishi (Kūkai, 774–835), den Begründer der esoterischen Shingon-Schule.

5 Sen-nichi kai-hō-gyō (»1000 Tage Gipfelumkreisungs-Praxis«) ist eine asketische Praxis der Tendai-Schule, die für die Dauer von 1000 Tagen im Wesentlichen auf dem Berg Hiei bei Kyōto (dem Hauptsitz der Tendai-Schule) durchgeführt wird. In sieben Jahren legt der Asket dabei eine Strecke von fast einer Erdumrundung zurück (rund 38 000 km). Daher werden die »Absolventen« des kaihōgyō im Westen auch »Marathon-Mönche« genannt.

Diese Extremform einer »Pilgerreise« geht wahrscheinlich zurück auf den Mönch Sōō (831–918), der sich schon in jungen Jahren der Tendai-Bewegung im Enryaku-Tempel auf dem Hiei-Berg angeschlossen hat.

6   Acala (Sanskrit: »Der Unbewegliche«), in Japan Fudō-myōō (»Der unbewegliche Weisheitskönig«) genannt, ist eine zornvolle Gottheit des esoterischen Buddhismus, die als Beschützer der Lehre, Beseitiger von Hindernissen und Zerstörer des Bösen angesehen wird. In Ostasien steht Acala an der Spitze der Fünf Weisheitskönige und gehört zu den bedeutenden und verehrten Gottheiten, die besonders in den esoterischen Schulen des Shingon und Tendai verehrt wird.

7   Hōnen (1133–1212) war ein religiöser Reformator und Begründer des ersten unabhängigen Zweigs des japanischen Reines-Land-Buddhismus, der Jōdoshū. Hōnen suchte nach einem Ansatz für den Buddhismus, der für alle Menschen zugänglich war, und verkündete die Lehre der Wiedergeburt im Reinen Land des Buddha Amida durch *nenbutsu* [»Anrufung des Buddha (Amida)«]. Zu seinen bedeutendsten Schülern gehört Shinran. Die *Drei Sutras des Reinen Landes* sind die grundlegenden Schriften der Jōdoshū.

8   Tendai-shū ist eine auf dem Lotos-Sutra basierende Hauptrichtung des Buddhismus in Japan, die neben der rivalisierenden Shingon-Schule im frühen Mittelalter die religiöse Landschaft Japans dominierte und wesentliche Grundlagen für die spätere Entwicklung des Buddhismus legte. Die Tendai-shū entwickelte sich Anfang des 9. Jahrhunderts als Übertragung der Tiantai-Lehren des chinesischen Buddhismus durch Saichō (767–822). Hauptsitz ist der Enryaku-Tempel auf dem Berg Hiei (Hieizan) bei Kyōto.

9   Ōtani-ha ist ein bedeutender Zweig der Jōdoshinshū mit über 5 Millionen Anhängern. Sein Hauptquartier ist der Tempel Higashi-honganji in Kyōto.

10   Kenjitsu Nakagaki, Priester der Jōdoshinshū, seit 1985 tätig in den USA (u. a. New York Buddhist Church, 1994–2010).

11   *Sutta Nipāta*, einer der ältesten Teile aus dem buddhistischen Kanon mit Lehrreden Buddhas.

12   *Dhammapada* (Pali: »Pfad des *dharma*«) ist eine bekannte Anthologie von Aussprüchen des historischen Buddha in 426 Versen, die den Kern seiner Lehre (*dharma*) wiedergeben. Dieses Meisterwerk der frühen buddhistischen Literatur gehört zu den *Kurzen Texten* des Palikanons.

13 Shinrans Verse und Erklärung aus dem japanischen Original in möglichst genauer Übersetzung:

Weht der reine Wind in den Juwelenbäumen,
erklingen die fünf Töne
und »kyū« und »shō« harmonieren natürlich –
Verehrt den Reinen Duft!

Kyū und *shō* sind zwei als dissonant geltende Grundtöne der altjapanischen Tonskala, aber aus der Perspektive des Bedingten Entstehens erklingen diese beiden Töne in natürlicher Harmonie.
Mit *Reinen Duft* dürfte der Buddha Amida gemeint sein.

REGISTER

Unsere Leseempfehlung

160 Seiten
Auch als E-Book
erhältlich

Putzen und Aufräumen ist für die meisten eher eine lästige Pflicht, die es möglichst schnell hinter sich zu bringen gilt. Doch Keisuke Matsumoto plädiert für das Gegenteil: Inspiriert vom japanischen Zen-Buddhismus zeigt er, wie wichtig Putzen für uns ist – nicht nur für das äußere Wohlbefinden, sondern vor allem für die Seele. Er empfiehlt, Reinigung als bewusstes Ritual in den Alltag zu integrieren. Nur so werden unsere Gedanken und Gefühle wieder klar, und wir leben kreativer und erfüllter.